DE LA

NOTE D'INFAMIE

EN DROIT ROMAIN

DE LA

CONDITION LÉGALE

DES

ÉTRANGERS EN FRANCE

DISSERTATIONS

présentées à la Faculté de Droit de Strasbourg

POUR L'ADMISSION AU GRADE DE DOCTEUR

et soutenues publiquement le Lundi, 18 août 1862, à midi

PAR

EUGÈNE HEPP

AVOCAT

STRASBOURG

IMPRIMERIE DE VEUVE BERGER-LEVRAULT

1862

UNIVERSITÉ DE FRANCE.

ACADÉMIE DE STRASBOURG.

ACTE PUBLIC
POUR LE DOCTORAT

PRÉSENTÉ

A LA FACULTÉ DE DROIT DE STRASBOURG

ET SOUTENU PUBLIQUEMENT

LE LUNDI 18 AOUT 1862, A MIDI,

PAR

EUGÈNE HEPP,

AVOCAT.

STRASBOURG,
IMPRIMERIE DE VEUVE BERGER-LEVRAULT.
1862.

FACULTÉ DE DROIT DE STRASBOURG.

PROFESSEURS.

MM. AUBRY O ✱, doyen . Droit civil français.
HEPP ✱ . . . . . . Droit des gens.
HEIMBURGER . . . . Droit romain.
THIERIET ✱ . . . . Droit commercial.
RAU ✱. . . . . . . Droit civil français.
LAMACHE ✱ . . . . Droit administratif.
DESTRAIS . . . . . . Procédure civile et Droit criminel.
MUGNIER . . . . . . Droit civil français.
N. . . . . Droit romain.

MM. LEDERLIN, } professeurs agrégés.
CASSIN, }

M. BÉCOURT, officier de l'Université, secrétaire, agent comptable.

COMMISSION D'EXAMEN.

MM. HEIMBURGER, Président de l'acte public.
THIERIET, } Suffragants.
RAU, }
LAMACHE, }
CASSIN, }

La Faculté n'entend ni approuver ni désapprouver les opinions particulières du candidat.

DE LA

NOTE D'INFAMIE

EN DROIT ROMAIN.

[Dig., De his qui notantur infamia (III, 2); Cod., Ex quibus causis infamia irrogatur (II, 12), ***et*** **De infamibus (X, 57.)]**

INTRODUCTION.

1. On s'exposerait à se faire une idée erronée de la nature de l'infamie chez les Romains, on se placerait, pour l'étudier, à un faux point de vue, si l'on ne s'affranchissait, pour juger cette institution, de la pensée qu'éveille aujourd'hui le sens que nous attachons aux mots *infamie, infâme, infamant.*

Tout d'abord, il convient de présenter une observation générale sur l'obscurité même dont l'origine historique de cette matière est environnée. Les théories qui se sont produites à ce sujet reposent sur des fondements trop peu précis pour mériter ce caractère d'autorité inhérent à une vérité juridique. C'est qu'en nous retraçant le développement successif de cette institution, les textes ne nous disent rien de son origine même, et les jurisconsultes, en nous la présentant toute formée, ne nous ont pas fait assister à sa formation. Si bien que les deux principales opinions que l'on a proposées sont l'une et l'autre également soutenables, et les présomptions à peu près d'égale force, soit en faveur de celle qui veut faire découler l'infamie du pouvoir des censeurs, ou de celle qui en cherche le germe dans les extensions apportées au Droit par les préteurs.

Pour mieux apprécier la valeur des deux systèmes en présence desquels nous nous trouvons, pour peser plus sûrement les arguments que l'on propose en faveur de l'un et de l'autre, il n'est pas inutile de rappeler d'abord les principaux caractères des attributions des censeurs et du préteur à Rome.

2. La censure, démembrement de la dignité consulaire, avait un caractère éminemment politique. Il suffit, pour s'en convaincre, de lire le passage si connu dans lequel Cicéron énumère les différentes fonctions des censeurs (*De legib.*, III, 3). Une de leurs principales missions était de veiller au maintien des bonnes mœurs, d'une importance capitale dans une république, où la corruption gagne si rapidement le pouvoir quand ses représentants doivent se recruter dans un milieu dépravé.

L'opération du cens, qui donna son nom à la magistrature elle-même, fournissait périodiquement un moyen fort efficace pour atteindre ce but de moralisation. Les censeurs étaient armés d'un pouvoir absolu dans l'exercice de leurs fonctions, et jouissaient d'une liberté entière pour répartir les citoyens dans les différentes classes dont se composait le peuple. Ils étaient souverains appréciateurs des faits répréhensibles, et venaient ainsi en aide à la répression à une époque où la législation criminelle était encore si imparfaite et si formaliste. Par leur blâme (*animadversio*) ils atteignaient un grand nombre d'actes à l'égard desquels la loi pénale se trouvait désarmée et impuissante. — « Il y a de mauvais exemples qui sont pires que les crimes, et plus d'États ont péri parce qu'on a violé les mœurs que parce qu'on a violé les lois. » (MONTESQUIEU, *Gr. et Déc. des Rom.*, chap. VIII.)

Le blâme des censeurs se manifestait ordinairement au renouvellement du cens, par le classement de l'individu dans un ordre inférieur, soit qu'un sénateur fût exclu du Sénat, un chevalier de la cavalerie, ou qu'un citoyen quelconque fût rangé dans la dernière des six classes établies par Servius Tullius. — Mais d'autres modes de réprimande étaient encore à leur disposition: je veux parler de la *nota seu suscriptio censoria* et de l'*ignominia*. — Je sépare à dessein, par des motifs qui seront expliqués tantôt, ces deux dénominations, qui paraissent cependant n'avoir désigné qu'une seule et même chose, mais sans doute à des degrés différents.

3. De ce qui précède il résulte que le blâme infligé par le censeur n'était que l'expression d'une appréciation personnelle du magistrat qui le prononçait, et ne pouvait sous aucun rapport être considéré comme le résultat d'une condamnation régulière. Or, c'est ici que nous rencontrons le pouvoir pondérateur de l'omnipotence censoriale. Si le censeur, pour pouvoir remplir ses hautes fonctions avec dignité et indépendance, était et devait être libre de réprimander, de *noter* tout citoyen, toutes les fois qu'il jugeait que sa conduite était un danger pour le maintien de l'ordre et des bonnes mœurs, son blâme cependant ne liait en aucune façon ni l'opinion publique, ni la liberté des autres magistrats. Bien plus, ce que l'un des censeurs avait fait, l'autre pouvait le défaire, et l'histoire offre quelques exemples de pareils conflits, issus d'inimitiés personnelles entre les deux magistrats du cens. Ni le peuple dans ses comices, ni le

Sénat, ni le préteur n'étaient tenus d'avoir égard à la note imprimée par les censeurs à un citoyen : celui-ci n'en restait pas moins apte à aspirer à toutes les fonctions, et pouvait être porté par le préteur sur la liste des *judices:* nous voyons même des *notati* arriver plus tard eux-mêmes à la censure.

4. Ici donc déjà nous ne trouvons pas ce caractère de jugement porté par l'opinion, attaché de nos jours aux peines infamantes. Sans doute, et dans les premiers temps surtout, les censeurs durent être portés à consulter le sentiment public, mais ils étaient libres aussi de le méconnaître, et d'infliger leur blâme à des actes qui ne répugnaient pas aux honnêtes gens.

Mais ce qui distingue profondément et par-dessus tout la note censoriale, ce qui la distingue de l'infamie elle-même telle qu'elle nous apparaît dès l'origine en Droit romain, c'est ce caractère d'instabilité que je signalais en dernier lieu; cette absence, je ne dis pas de perpétuité, mais même de durée certaine, ce défaut de sanction qui lui enlève la force d'une réprobation publique pour n'en faire que l'expression d'une sorte de mésestime personnelle de la part du censeur vis-à-vis de la personne qu'il a notée. C'était là le côté faible de l'institution, mais cette défectuosité même était un remède à l'abus. Tant que le censeur n'était que l'organe de l'opinion, son blâme avait du moins une force morale, et l'on pouvait encore dire avec CICÉRON: « *Nota censoris importat ruborem.* » Mais quand le gouvernement de la République dégénéra en anarchie, quand, par la dépravation croissante de l'esprit politique, les magistratures n'étaient plus briguées que pour s'en faire une arme contre ses propres ennemis, quand les mœurs elles-mêmes se relâchèrent dans les luttes civiles qui précédèrent l'avénement de l'Empire, l'autorité des censeurs perdit son caractère, leur pouvoir répressif devint nul, car il étoit méprisé, et l'abus même le diminua au point de le détruire.

5. Il semble toutefois, d'après divers passages d'auteurs classiques, et notamment de CICÉRON, dans sa plaidoirie pour Cluentius (chapitres 42 à 47), qu'il y ait eu certaines catégories de faits ou d'actions réprouvés par les mœurs, dont les auteurs étaient réputés à jamais déshonorés et indignes de jouir des prérogatives du citoyen. C'étaient également les censeurs qui étaient chargés de prononcer une pareille indignité. Mais il y avait entre celle-ci et la *nota* cette différence qu'ici le magistrat n'était pas juge, mais simple exécuteur d'une sentence portée par l'opinion : c'est là le caractère par lequel l'*ignominia* paraît s'être distinguée de la *suscriptio censoria*. — J'examinerai plus loin s'il est exact de voir, avec SAVIGNY (*Syst. du Dr. rom.*, II, § 79), dans cette note d'une nature particulière, l'infamie proprement dite, telle que nous la trouvons mentionnée par les textes insérés au Digeste.

6. De tout autre nature que celle des censeurs était la mission du préteur. Appelé par ses fonctions, et dans un intérêt public, à fortifier, corriger et compléter les dispositions du Droit civil (*Fr.* 7, § 1, *D.* 1, 1) ce magistrat était investi d'une autorité absolue, dans la limite de ses attributions judiciaires. Son influence fut grande dans le développement de la législation romaine, car il sut se servir de ses pouvoirs de telle sorte que fréquemment il transforma entièrement le Droit. Annuellement, à son entrée en fonctions, le préteur publiait son programme, dans lequel il énonçait les principes et les règles suivant lesquels il administrerait la justice. De même qu'il déclarait ne juger les contestations que si elles se présentaient sous telles formes, par lui déterminées d'avance dans l'édit, de même il n'admettait les plaideurs à comparaître devant lui que s'ils satisfaisaient à certaines con-

ditions d'âge, de sexe, de capacité physique et de moralité que, par l'édit, il portait à la connaissance de tous les citoyens.

7. C'est dans ces mesures prises par le préteur, pour sauvegarder la dignité de l'autorité judiciaire (*Fr.* 1, *pr. D.* 3, 1), que je chercherai avec la majorité des auteurs l'origine de la note d'infamie. La justification de cette opinion nécessite certains développements dans lesquels nous pouvons entrer maintenant que j'ai indiqué le point de départ des deux systèmes opposés. Nos réponses aux critiques que l'on adresse à cette dernière manière de voir seront en même temps une réfutation de l'opinion contraire.

8. Dans la partie de l'édit relative à la postulation, le préteur avait établi trois classes distinctes de personnes auxquelles il refusait, d'une manière plus ou moins absolue, le droit d'agir en justice (*Fr.* 1, §§ 1 et 7 *D.* 3, 1).

La première de ces classes comprenait les personnes que le préteur déclarait complétement incapables de postuler: c'étaient les mineurs de 17 ans et les sourds (*Fr.* 1, § 3, *D.* 3, 1). Une pareille exclusion était inutile à l'égard des muets, que leur infirmité même mettait dans l'impossibilité de prendre part à une instance.

Dans une deuxième classe étaient rangées les personnes qui n'avaient accès auprès du préteur qu'autant qu'il s'agissait de débattre en justice leurs propres intérêts, et qui ne pouvaient sous aucun prétexte être constituées l'organe des tiers. C'étaient les femmes, les aveugles, et enfin les personnes que le texte désigne par l'expression *turpitudine notabiles*, terme qui comprend ceux *qui corpore muliebria passi sunt*, les *capitali crimine damnati*, et ceux *qui operas, ut cum bestiis depugnarent, locaverint* (*Fr.* 1, §§ 5 et 6, *D.* 3, 1).

Enfin, dans la troisième classe se trouvaient les personnes qui, bien qu'également incapables, d'une manière générale, de postuler pour autrui, pouvaient cependant représenter exceptionnellement leurs parents et certaines autres personnes que j'aurai l'occasion de citer plus loin. Voici quels étaient, à ce sujet, les propres termes de l'édit du préteur: «*Qui lege, plebis scito, senatus consulto, edicto, decreto principum, nisi pro certis personis postulare prohibentur, hi pro alio quam pro quo licerit, in jure apud me ne postulent.*» Et à la suite de ce texte, ULPIEN ajoute: «*Hoc edicto continentur etiam alii omnes qui Edicto Prœtoris* UT INFAMES *notantur, qui omnes, nisi pro se et certis personis, ne postulent.*» (*Fr.* 1, § 8, *D.* 3, 1.)

9. C'est sur ce dernier passage que repose toute la controverse, et les auteurs qui cherchent l'origine de l'infamie dans le pouvoir des censeurs, aussi bien que ceux qui prétendent qu'elle est de création prétorienne, veulent trouver dans ce texte un argument décisif en faveur de leur opinion. Les premiers traduisent: «Le préteur rangea également au nombre des incapables de la troisième classe tous ceux qui étaient infâmes,» mentionnant par ce mot une catégorie de personnes qu'il ne créait pas, qui existait déjà et qu'il se bornait à reconnaître et à consacrer par l'incapacité qu'il prononçait contre les individus infâmes. — Les partisans du système opposé traduisent plus exactement et avec plus de raison, selon moi: «Dans cette troisième classe rentraient également toutes les autres personnes que le préteur, dans son édit, avait déclarées infâmes;» — d'où ils concluent que l'infamie elle-même tirait son origine de l'édit du préteur.

10. On élève contre cette dernière interprétation plusieurs objections que j'examinerai immédiatement. Vous confondez, nous dit-on, la cause et l'effet; vous attribuez au préteur une institution que celui-ci a trouvée toute faite, et qu'il n'a que confirmée dans la limite de ses pouvoirs, en déniant aux infâmes le droit de paraître devant lui. Comment d'ailleurs, ajoute-t-on, admettre qu'une chose aussi grave que le dés-

honneur ait été considérée juridiquement au seul point de vue du droit de ... postuler! Comment enfin supposer que, pour désigner une conséquence, sérieuse sans doute au point de vue auquel se trouvait placé le préteur, mais, en somme cependant si minime, celui-ci ait pu employer cette expression si grave d'*infamie?* (Savigny, *op. cit.*, § 78.)

11. Je répondrai tout d'abord à cette dernière objection: Il ne faut pas, je l'ai déjà dit, nous placer pour étudier cette matière en Droit romain, surtout dans son origine, au point de vue de nos idées modernes, en appliquant aux mots un sens qu'ils n'avaient pas alors. — Or, l'expression *infamis* n'avait probablement à l'origine d'autre signification que celle de *cui non licet fari.* Je ne sais si cette étymologie, analogue, comme on le voit, à celle que l'on attribue aux mots *fas, nefas, infans, infantia,* a jamais été proposée, ni même si elle est conforme aux règles de la philologie, mais elle me paraît d'accord avec l'idée d'*infamie,* telle qu'elle semble nous être présentée par certains fragments, et met fin, si elle est exacte, à toute la controverse que j'examine en ce moment. Cette explication, que je propose de la signification primitive des mots *infamia, infamis*, ne doit du reste pas surprendre: nous trouverons dans notre sujet, même des exemples analogues. — Comme les mots *improbus, intestabilis,* ces expressions prirent par la suite un sens beaucoup plus étendu, et fort détourné de leur signification originaire. (Cpr. n° 118.)

12. Ainsi se trouvent détruites toutes les autres objections que je citais plus haut, et ainsi nous répondrons encore que si le préteur semble distinguer, et distinguait en effet les *infames* des *turpitudine notabiles*, c'est que ces deux catégories de personnes ne pouvaient être confondues, car leur origine n'était pas la même. Peut-être faut-il voir dans les *turpitudine notabiles* les individus que je mentionnais comme

étant notés d'ignominie par les censeurs à raison de leurs mœurs, et que le préteur écartait dès lors à bon droit de son tribunal, tandis qu'il formait d'autre part lui-même une toute nouvelle classe de personnes, dont la conduite, quoique répréhensible en fait, était restée jusque-là à l'abri de toute réprobation légale. — Il les énumérait à la suite des individus qu'il privait, pour les autres causes que j'ai citées, du droit de postuler. C'est ce qui expliquerait, par exemple, pourquoi nous ne trouvons pas au nombre des infâmes prétoriens les *publico judicio damnati:* ils étaient déjà compris par le préteur dans la deuxième classe des incapables. La liste des personnes déclarées infâmes par le préteur dut sans doute s'étendre peu à peu, et ne fut probablement pas dès l'origine aussi complète que nous la trouvons au Digeste, dans le texte de l'édit perpétuel. (*Fr.* 1, *D.* 3, 2.)

13. Mais en dehors de l'argument que je tire de l'étymologie que j'ai proposée, notre système s'autorise encore de la place que la matière de l'infamie occupe aux Pandectes et au Code. — Dans les deux recueils, les titres relatifs à la note d'infamie sont placés au nombre de ceux qui traitent de matières judiciaires, et particulièrement de la postulation. Bien plus, le titre *De postulando* au Digeste se termine par ces mots : « *Qui autem inter infames sunt sequenti titulo explanabitur.* » (*Fr.* 11, § 1, *D.* 3, 1.) Ce qui prouverait jusqu'à un certain point, que sous JUSTINIEN encore, quand furent compilées les lois du Digeste et du Code, l'idée première attachée à la note d'infamie n'avait pas entièrement disparu, et que l'incapacité de postuler était encore considérée comme l'un des principaux effets qu'elle entraînait.

14. Nos adversaires répondent que l'argument puisé dans la place qu'occupent les textes n'est d'aucune valeur; que si le préteur a pris soin d'énumérer les différentes personnes

notées d'infamie, ce n'était que pour prévenir des incertitudes ou des erreurs; que probablement la liste de ces personnes se trouvait placée dans l'édit, non pas dans un titre spécial, mais immédiatement à la suite de la disposition qui déclarait les infâmes incapables de postuler; qu'il était tout naturel de ne plus comprendre dans cette liste des personnes qui avaient déjà été mentionnées dans la deuxième classe des incapables sous le nom de *turpitudine notabiles*, et qui, bien que placées dans une autre catégorie, n'en étaient pas moins infâmes; que les expressions «*edicto notatur*» et autres semblables que l'on trouve dans les textes n'ont été employées par les jurisconsultes que pour allier plus de concision à plus d'exactitude, car, dit-on, l'édit du préteur ayant été le premier document écrit qui énumérât d'une manière complète les personnes réputées infâmes, il était fort naturel de s'en référer purement et simplement à la liste dressée par le préteur. (Sav., *op. et loc. cit.*)

15. La réfutation de la plupart de ces objections résulte déjà de ce qui a été dit plus haut; il n'est pas difficile de répondre aux autres. Je veux bien admettre pour certains textes, tels que le Fr. 5, § 2, D. 50, 13, et le Fr. 2, pr. D. 37, 15, qu'on nous objecte, l'interprétation que l'on donne des expressions employées par les auteurs, mais il ne me paraît pas possible d'accepter cette explication d'une manière générale, si l'on observe le mode de raisonnement ordinairement suivi par les jurisconsultes dans les textes que nous trouvons au titre du Digeste : *De his qui infamia notantur* (3, 2). Dans leurs commentaires sur cette partie de l'édit, ils se servent dans maints passages de termes qui prouvent qu'ils discutaient une véritable création du préteur. V. p. ex. Fr. 8, D. 3, 2. De semblables locutions sont d'autant plus dignes d'attention qu'à l'époque où écrivaient ces jurisconsultes, l'institution primitive s'était déjà consi-

dérablement modifiée par suite de développements successifs dont je vais essayer de rechercher les traces.

16. Tant que le pouvoir qu'exerçaient les censeurs ne fut pas dégénéré, tant qu'il conserva quelque influence sur le maintien des bonnes mœurs, il s'exerça et produisit ses effets indépendamment de toute autre institution analogue, soit que les censeurs usassent de la faculté qu'ils avaient de distribuer les citoyens comme bon leur semblait dans les différentes classes du peuple, soit qu'ils recourussent à la simple réprimande sous forme de *nota* ou *suscriptio*, ou, enfin, à la note plus sérieuse de l'ignominie, qui paraît avoir été réservée pour ceux dont la conduite était réprouvée par l'opinion publique elle-même. — Comme tout blâme émanant des censeurs, l'ignominie produisait des effets exclusivement politiques, qui étaient la perte du droit qu'avait tout citoyen de prétendre aux honneurs et dignités, et du droit d'émettre son vote dans les assemblées du peuple (*jus suffragii*). Les mots qui exprimaient une pareille indignité étaient *ignominia*, *ignominiosus*, et peut-être aussi *famositas* et *famosus*. (*V. Fr. Vat.*, § 324.)

17. L'infamie, au contraire, émanant de la juridiction prétorienne, ne produisait d'effet, à l'époque dont je parle, qu'en matière judiciaire. Celui que le préteur avait déclaré infâme perdait tout d'abord le droit d'agir en justice, et ce n'était qu'exceptionnellement que le préteur consentait à l'entendre; comme conséquence, une personne ainsi notée devenait également incapable de porter une accusation publique, droit qui constituait une des prérogatives du citoyen romain.

18. Mais la note d'infamie ne dut pas conserver longtemps ce caractère exclusif, ou du moins les deux institutions ne durent pas tarder à se combiner, en exerçant l'une sur l'autre une influence réciproque, soit que les faits que le

préteur avait jugés de nature à devoir entraîner l'infamie, fussent par la suite aussi déclarés ignominieux par les censeurs, soit pour toute autre cause. — Cette influence est déjà fort sensible à l'époque où César fit rendre la loi *Julia municipalis* (an de Rome 709) que nous a conservée la Table d'Héraclée, car cette loi range au nombre de ceux qu'elle déclare incapables de jouir de certains droits politiques, la plupart des personnes que le préteur avait notées d'infamie. A cette même époque la censure avait déjà subi le sort des autres magistratures politiques, considérablement affaiblies à partir de Sylla. C'est donc vers la période des guerres civiles que l'on peut placer le commencement de la métamorphose qu'éprouva la note d'infamie. La transformation fit de nouveaux progrès quand les empereurs, absorbant en leur pouvoir les principales magistratures, exercèrent les attributions des censeurs sous le titre de *magistri morum*. Le contrôle émanant à l'avenir d'une autorité perpétuelle, soit directement, soit par le pouvoir accordé à des magistrats dont la nomination ne relevait plus du peuple, mais de l'empereur lui-même, l'ancienne *animadversio* des censeurs, infligée à partir de cette époque par l'empereur ou ses délégués, prit tout naturellement un caractère de perpétuité qui lui avait manqué jusque-là, car l'empereur seul avait le pouvoir de lever une peine que lui seul pouvait infliger. — De ce moment la distance qui séparait l'ignominie de l'infamie devint moins sensible encore : elle disparut entièrement dès que les empereurs s'arrogèrent également le droit de déterminer de nouveaux cas d'infamie et d'étendre ainsi les effets de l'institution, en l'appliquant à des faits et à des personnes qu'elle n'avait pas atteints jusqu'alors. La première extension de ce genre fut établie par les lois Papiennes rendues sous Auguste : ces lois, en attachant à l'infamie des effets civils, l'appliquèrent également aux femmes, à l'égard desquelles cette note n'avait pas d'objet tant que son but n'était que purement judiciaire. Il faut remarquer cependant que d'après les textes, la loi Julia *de maritandis ordinibus* n'employait pas le mot *infamis*, mais l'expression *famosa*, ce qui semble indiquer que l'assimilation de l'ignominie et de l'infamie n'était pas encore parfaite à l'époque où cette loi fut rendue (an de Rome 757). — Mais une pareille distinction ne se retrouve plus sous les successeurs d'Auguste; les deux institutions se confondirent en une seule entre les mains des empereurs; l'expression d'*ignominia*, qui rappelait le pouvoir des censeurs, céda la place à la dénomination d'*infamia* qui avait peu à peu absorbé en elle l'idée générale de honte et de déshonneur, en produisant à la fois tous les effets politiques de l'*ignominia* censoriale, les effets judiciaires de l'infamie prétorienne, et de nouveaux effets civils qui y furent attachés par des lois postérieures. — Ainsi s'explique pourquoi ce n'est qu'exceptionnellement que nous rencontrons dans les textes les mots *ignominia*, *ignominiosus*, qui alors sont pris pour synonymes d'*infamia*, ce dernier mot rendant maintenant à la fois les deux idées. C'est à ce point de vue seulement qu'il est exact de dire que l'infamie, telle que nous la trouvons formée à l'époque classique, avait pour origine l'ignominie infligée par les censeurs. Dans la fusion qui s'était opérée, l'institution avait emprunté à la note des censeurs le caractère ignominieux et les effets politiques; elle avait gardé de l'infamie prétorienne la dénomination et les conséquences judiciaires, auxquelles vinrent se joindre enfin des incapacités civiles. C'est ainsi transformée que nous trouvons la note d'infamie dans les textes, et que nous aurons à l'étudier. Mais avant d'aborder cette étude, plusieurs observations générales doivent encore trouver place ici.

19. Différents auteurs, partant de l'idée d'infamie, ont

prétendu que le Droit romain reconnaissait un *status existimationis* distinct du *status civilis*. Une pareille assertion est absolument inexacte. L'*existimatio* était à Rome une idée purement de droit civil, n'ayant aucun rapport avec le *jus gentium*. Cette idée était intimement liée à la qualité de citoyen romain, et était représentée par la *dignitas*, qui ne pouvait appartenir qu'à celui qui, faisant partie intégrante du peuple, participait à la *majestas populi romani*. — Si bien que d'une part l'étranger ne jouissait d'aucune *existimatio*, et que d'autre part celle-ci ne pouvait subir une atteinte sans que le droit de cité en souffrît aussitôt. Sans *existimatio* pas de *civitas*, sans *civitas*, pas d'*existimatio*. C'est ce qui apparaît clairement dans la définition que nous en donne CALLISTRATE : EXISTIMATIO *est* DIGNITATIS ILLÆSÆ STATUS, *legibus et moribus comprobatus, qui ex delicto nostro auctoritate legum aut* MINUITUR *aut* CONSUMITUR (*Fr.* 5, § 1, *D.* 50, 13). Et CICÉRON, dans un passage dans lequel il semble vouloir résumer tous les attributs et priviléges du citoyen romain, s'exprime ainsi : *Retinete istam possessionem gratiæ, libertatis, suffragiorum*, DIGNITATIS, *urbis, fori, ludorum, festorum dierum, cæterorum omnium commodorum.* (*De lege agrar.*, II, 19.)

20. L'*existimatio* était donc chez les Romains une partie inséparable du *status civilis*; elle ne pouvait diminuer ou s'éteindre que par suite d'une peine infligée à l'individu. « *Pœna*, nous dit ULPIEN, *non tantum pecuniaria, verum capitis et* EXISTIMATIONIS *irrogari solet* (*Fr.* 131, § 1, *D.* 50, 16). Et CALLISTRATE établit longuement et à l'aide d'exemples, au fragment que j'ai cité, la différence entre l'*existimatio consumpta* et l'*existimatio minuta*. Cette théorie se rapporte à la très-importante distinction des peines en capitales et non capitales (*Fr.* 28, *pr.* § 1, *D.* 48, 19).

Les peines non capitales, c'est-à-dire celles qui n'avaient

pas pour effet de faire perdre, soit la vie, soit la liberté, soit le droit de cité, étaient ou bien de simples amendes ou peines pécuniaires, qui ne portaient aucune atteinte à l'honorabilité de la personne qui les avait encourues (*C.* 1, *C.* 1, 54), ou bien des peines afflictives de nature diverse, ayant pour effet de léser plus ou moins l'honneur de l'individu qui en avait été frappé : on les désignait sous l'expression de *pœnæ existimationis* ou *ad existimationem pertinentes* (*Fr.* 5 et 28, § 1, *D.* 48, 19). Tandis que les peines capitales anéantissaient entièrement l'*existimatio* par la raison qu'elles avaient toujours pour conséquence de faire perdre au condamné tout au moins le droit de cité, auquel, ainsi que je l'ai dit, l'*existimatio* était intimement liée, les peines non capitales, au contraire, ne faisaient que diminuer cette *existimatio*, et à des degrés différents suivant la nature de la peine. — Il est d'autant plus important de ne pas perdre de vue cette distinction que dans le langage ordinaire elle n'était pas toujours observée. — Par un abus de mots, fort explicable d'ailleurs, on en était arrivé à appliquer l'expression de *capitales* ou *capitis* aux peines qui n'étaient qu'*existimationis*, en interprétant toute lésion de l'honneur d'un individu comme une atteinte portée au *caput* lui-même (*V.* Cic. *Pro Rosc. Com.*, ch. 6; *Fr.* 12, § 4, *D.* 48, 2). Modestin exprime cela fort clairement au Fr. 103, D. 50, 16.

L'infamie était de toutes les *existimationis minutiones* la plus importante, comme produisant les effets les plus généraux et les plus sérieux. Il faut remarquer cependant que dans les cas où elle était attachée à un jugement, elle ne constituait pas par elle-même une peine principale qui pût naître d'une condamnation : elle n'était jamais qu'une conséquence d'une autre peine, fût-elle simplement pécuniaire (§ 2, *Inst.* 4, 18; *Fr.* 8, *pr. D.* 48, 10; *C. unic.*, *C.* 9, 21.)

21. Les autres peines qui, sans éteindre l'*existimatio*,

avaient cependant pour effet d'y porter une atteinte plus ou moins sérieuse, étaient (*Fr.* 28, § 1, *D.* 48, 19; *Fr.* 5, § 2, *D.* 50, 13):

1° *La relégation.* Temporaire ou perpétuelle, cette peine ne faisait jamais perdre le droit de cité (*Fr.* 7, § 3, *D.* 48, 22). Mais pendant toute sa durée, les droits dont jouissait le condamné en tant que citoyen étaient suspendus. A cela ne se bornaient pas cependant les effets de la relégation. Car celui qui avait subi une pareille condamnation ne pouvait, à l'expiration de la peine, être réintégré dans ses dignités, ni en acquérir de nouvelles que par une dispense de l'Empereur, à moins que la peine n'ait été prononcée contre lui à une époque où son âge ne lui permettait pas encore d'aspirer aux honneurs. (*Fr.* 13, *pr.* § 1, 2, *D.* 50, 2.)

2° *La condamnation à temps* IN OPUS PUBLICUM. Elle ne faisait perdre ni la liberté ni le droit de cité, mais après l'expiration de la peine, et par suite d'une disposition tout exceptionnelle, le condamné était noté d'infamie (*C.* 6, *C.* 2, 12). Si la condamnation était perpétuelle, il y avait, comme dans le cas de déportation, perte du droit de cité, et dès lors la note d'infamie était sans objet. (*Fr.* 17, § 1, *D.* 48, 19.)

3° *Dignitatis depositio, — alicujus actus prohibitio* (*Fr.* 8, *pr. D.* 48, 19). On peut ranger sous ces expressions d'ULPIEN, l'exclusion du sénat, de l'ordre des décurions ou des avocats, et l'interdiction des *honores* en général (*Fr.* 5, § 2, *D.* 50, 13). De pareilles exclusions pouvaient résulter de diverses causes, et être prononcées soit d'une manière absolue et définitive, soit pour un temps plus ou moins long. Si elles étaient provoquées par un fait qui par lui-même entraînait l'infamie, cette note restait attachée au condamné lors même qu'à l'expiration du temps pour lequel l'exclusion avait été prononcée, il était de nouveau admis dans l'ordre dont il avait été temporairement expulsé; mais l'exclusion par elle seule n'avait pas pour effet de rendre infâme celui qui la subissait. (*Arg. C.* 1, *C.* 10, 59, cbn. *Fr.* 3, § *1*, *D.* 50, 2, *Fr.* 8, *D.* 3, 1. — V. encore *Fr.* 2, *D.* 1, 9; *Fr.* 9, *pr. à* § 9, *D.* 48, 19; *Fr.* 9, *D.* 3, 1; *Fr.* 7, § 21 *et* 22, *D.* 48, 22.)

4° *Ictus fustium.* Cette peine, qui ne pouvait d'ailleurs être infligée aux citoyens appartenant à une classe élevée (*Fr.* 10, *pr. Fr.* 28, §§ 2 *et* 5, *D.* 48, 19; *C.* 5, *C.* 2, 12), avait pour unique effet de rendre pour l'avenir inhabile ou du moins *moins* habile à certaines fonctions et dignités, par exemple, à la charge de décurion, ainsi qu'on peut l'inférer d'une manière générale de la teneur du Fr. 12, D. 50, 2. Mais il est certain, tant d'après ce texte, que d'après les expressions plus précises encore dont se servent le Fr. 22, D. 3, 2, et la Const. 14, C. 2, 12, que cette peine ne rendait pas par elle-même infâme la personne à qui elle était infligée. Il était en effet de règle que l'infamie ne pouvait intervenir (à une exception près, que j'examinerai par la suite, n° 68), — que si elle était formellement attachée par la loi, soit à la nature même de la condamnation (ce qui n'est pas le cas ici), soit directement à une action ou à un fait considéré en lui-même.

22. Ces derniers mots indiquent l'ordre que je suivrai dans l'examen des cas d'infamie en Droit romain. Cette division, adoptée par la plupart des auteurs qui ont écrit sur cette matière, et observée en fait par ceux-là mêmes qui l'ont critiquée en principe (Savigny, *op. cit.*, § 78 cbn. § 70), range les cas d'infamie en deux classes distinctes. La première de ces classes comprend ce que l'on a désigné par l'expression de *infamia mediata*, c'est-à-dire les cas où l'infamie n'existe que par suite d'un jugement de condamnation auquel elle est attachée. Dans la deuxième classe on

range sous le titre de *infamia immediata* les cas où l'infamie est une conséquence directe et immédiate du fait même auquel elle est attachée par la loi.

Quoique ces expressions, imaginées par les commentateurs, ne se rencontrent nulle part dans les textes, la division en elle-même est cependant exacte, et correspond fort bien à la distinction établie par les termes mêmes de l'édit du préteur, où il est dit tantôt : « *Notatur* qui fecerit » (*infamia immediata*), tantôt : « *Notatur* qui damnatus erit » (*infamia mediata.*)

23. Une autre division dont on trouve trace dans les textes (*C.* 13, *C.* 2, 12), mais qui est cependant moins juridique que la précédente, place à côté de l'infamie proprement dite, qui prend alors le nom d'*infamia juris*, ou infamie établie par une disposition expresse de la loi, une autre espèce d'infamie qui, sous la dénomination d'*infamia facti*, comprend une série de situations distinctes qui, sans être formellement établies par la loi, sont cependant consacrées par elle en ce sens qu'elles entraînent des incapacités juridiques plus ou moins importantes. Tandis que dans l'*infamia juris* tout est rigoureusement prévu et spécifié par la loi, la détermination des cas où il y a *infamia facti* dépend ordinairement de l'opinion des gens de bien (*Arg. Fr.* 2, *pr. D.* 37, 15; cpr. *C.* 12, § 1, *C.* 9, 47). Cette dernière catégorie, que l'on subdivise encore en *turpitudo* et *leves notæ* ou *levis notæ macula*, comprend les *turpes*, les *humiles* et les *viles*, dont je devrai accessoirement m'occuper aussi, car l'atteinte qu'avait subie l'honorabilité de ces personnes réagissait, comme pour l'infâme, sur leur capacité juridique. L'appellation d'*infamia facti* est plus particulièrement appliquée par les auteurs à la *turpitudo* (n° 144).

24. Il est à peu près impossible de donner une bonne définition de notre sujet ; aucune de celles que l'on a tentées ne

remplit les conditions voulues, car on ne saurait comprendre, dans le nombre restreint de mots en dehors desquels la définition cesse et l'exposé commence, les hypothèses variées qui peuvent se présenter. On a vu, en effet, d'après l'exposé qui précède, que tout autre était l'infamie sous le droit prétorien, et tout autre sous les empereurs. Aussi, ne serait-il pas plus exact de dire avec SAVIGNY (*op. cit.*, § 79), que l'infamie était la perte des droits politiques attachés au titre de citoyen, qu'il ne serait vrai de la définir d'une manière plus générale avec d'autres auteurs : La tache subie à raison d'un fait déshonnête, ou encore : La privation de l'honneur (*fama*) et des droits qui en dépendent. Même en partant de la définition que CALLISTRATE nous donne de l'*existimatio* (*Fr.* 5, § 1, *D.* 50, 13), on ne peut donner de l'infamie que cette idée fort vague, mais cependant la plus précise de toutes : elle est une *minutio existimationis*.

Ce n'est qu'en étudiant cette matière dans son ensemble et dans son développement historique, au triple point de vue des cas qui donnent naissance à la note d'infamie, des effets qu'elle produit, et de ses modes d'extinction, qu'il est possible d'acquérir une notion exacte des différences qui distinguaient l'infamie proprement dite des autres *pœnæ existimationis* dont j'ai parlé plus haut, et des diverses espèces d'*infamia facti*, dont je dirai quelques mots à la fin de cette étude.

25. La grande variété d'expressions qu'ont employées les jurisconsultes pour caractériser soit l'infamie proprement dite, soit l'infamie de fait, n'est pas une des moindres sources d'incertitudes et d'erreurs en cette matière. Je ne citerai que quelques exemples ; ils sont innombrables dans les textes. Ainsi, par opposition à *integra persona* — *homo integræ famæ ;* — *inviolatæ* — *integræ atque illibatæ existimationis ;* — *honestæ et inculpatæ vitæ ;* — *optimæ* — *probatæ*

atque integræ opinionis, on trouve tour à tour *infamis, famosus, ignominiosus, notatus, notabilis.* — Puis encore *maculam* ou *notam subire infamiæ; — labem pudoris contrahere; — ignominiæ pœna notari; — perennibus notis* ou *perpetua infamia inuri; — opinionem amittere; — famæ existimationem lædere; — existimationis metus imminet.* Puis enfin: *infamia, gravis infamia, famositas, ignominia, probrosæ notæ, existimationis jactura detrimentum* ou *damnum famæ*, etc.

26. La théorie de la note d'infamie chez les Romains diffère si complétement des règles qui chez nous régissent les peines infamantes que cette étude n'a plus guère pour nous qu'un intérêt historique. Il en est autrement en Allemagne. Aussi la bibliographie de ce sujet n'offre-t-elle aucun ouvrage moderne français, tandis qu'elle est riche en traités allemands.

On peut consulter sur cette matière: Becker, *De dignitate, honoribus, existimatione*, 1789; — Bodin, *Diss. jur. circa infamiam*, Halle, 1710; — Burchardi, *De infamia ex disciplina Romanorum*, Kilon. 1819; — Brunemann, *Comm. ad Pandect.* (III, 2) *et ad Codic.* (II, 12); — Dabelow, *Handbuch der Pandekten* (Manuel des Pand.), III, p. 59-143; Halle, 1818; — Doneau, *Comm. jur. civ.* XVIII, ch. 6-8; — Freher, *De fama et existimatione*; Basil., 1519; — Feuerbach, *Lehrbuch des peinl. Rechts* (Traité du Droit pénal), § 71; Giessen, 1812; — Van Geuns, *Diss. de infam. legib. Rom. constituta, Traj. ad Rhen.*, 1823; — Glück, *Erläuterung der Pandekten* (Explic. des Pand.), 5e partie; — Hagemeister, *Ueber den wesentl. Untersch. zw. der röm. Inf. u. der deutschen Ehrlosigk.*, dans le *Civilistisches Magaz.* de Hugo; Berlin, 1812, t. III, n° 8, p. 163-182; — Hübner, *Ueber Ehre und Ehrlosigk.* (De l'honneur et du déshonn.), Leipzig, 1800; — Kæstner, *De fama, hujus amissione et restitutione*, Lips., 1730; — Lauterbach, *Colleg. Pandect.*,

t. Ier, III, 2; — MACKELDEY, *Lehrb. des röm. Rechts* (Traité du Droit romain), §§ 122-3; — MAREZOLL, *Ueber die bürgerliche Ehre, ihre gänzliche Entziehung und theilweise Schmälerung* (De l'honneur civique, et de son extinction totale ou partielle), Giessen, 1824; — MOLITOR, *De minuta existimatione ex jure romano*, Lovan. 1824; — MÜHLENBRUCH, *Doctrina Pandect.*, §§ 189-192; — SAVIGNY, *Syst. des htg. röm. Rechts* (Système du Droit romain), Berlin, 1840. T. II, §§ 76-82, et appendice VII à la fin du même volume; — SELCHOW, *Selecta capita doctr. de infam.* Gött. 1770, in-4°; — THOMASIUS, *De existimat. famæ et infam.* Halle, 1734; — DE VANGEROW, *Leitfaden für Pand. Vorlesungen* (Guide pour un cours de Pandectes), §§ 46-52 (1er volume, 1re partie, 3e édition, 1843, pages 60-78); — WALTER, *Ueber Ehre und Injur. nach ræm. Recht* (De l'honneur et de l'injure d'après le Droit romain), dans les Nouvelles Archives du Droit criminel (*Neues Archiv. des Kriminalrechts*), t. IV, articles 5 et 12; — WELCKER, *Jurist. Encyclop.* (Encyclopédie juridique), pages 244 et suivantes; — ZIMMERN, *Rechtsgeschichte* (Hist. du Droit), t. I, §§ 127 à 130.

PREMIÈRE PARTIE.

DE L'INFAMIE PROPREMENT DITE.

(INFAMIA JURIS.)

CHAPITRE PREMIER.

Des faits qui entraînent la note d'infamie.

SECTION PREMIÈRE.

Cas dans lesquels l'infamie ne peut intervenir que par suite d'une condamnation.

(Infamia mediata.)

27. Les cas dans lesquels l'infamie est subordonnée à une condamnation, et attachée au jugement même qui prononce cette condamnation, résultent soit des crimes jugés en instance publique (*judicia publica*), soit de certains *delicta extraordinaria* ou *privata*, soit enfin de certains contrats et du quasi-contrat de tutelle. L'examen de ces quatre sources d'infamie fera l'objet des quatre paragraphes suivants.

§ 1. Des *judicia publica* envisagés au point de vue de la note d'infamie qui en résulte.

28. Il est nécessaire ici de rappeler quelle fut, chez les Romains aux diverses époques du droit, l'organisation judiciaire en matière criminelle.

Avec la République, la juridiction criminelle avait passé des rois aux consuls. Mais ils perdirent une partie de ce pouvoir du jour où une loi, proposée par Valérius Publicola, (*Lex Valeria de provocatione*), en autorisant l'appel au peuple, leur retira le droit de frapper un citoyen d'une peine capitale avant que le peuple lui-même se fût prononcé (*Fr.* 2, § 16, *D.* 1, 2). Au lieu de décider dans la cause, le peuple ne tarda pas à déléguer ce soin, par une loi rendue spécialement dans les comices pour chaque affaire criminelle qui lui était soumise, à une commission, prise dans l'origine par la voie du sort, au sein du sénat, et qui devait juger d'après les termes de la loi de renvoi rendue par le peuple. Quand de temporaires et spéciales qu'elles étaient, ces commissions devinrent perpétuelles, au commencement du VIIe siècle de Rome (605), quand l'institution des *Quæstiones perpetuæ*, qui n'avait d'abord été introduite que pour le crime de concussion, se généralisa, et que le peuple, par des *leges publicorum judiciorum*, délégua ainsi d'une manière permanente ses pouvoirs pour le jugement de tous les crimes donnant droit d'accusation à chaque citoyen, il se forma une nouvelle procédure criminelle (*ordo publicorum judiciorum*), rigoureusement déterminée pour chaque nature de crime par la *lex* relative à ce genre de crime, et le coupable condamné d'après une pareille loi, dont il n'était pas permis aux juges d'excéder les termes, était censé condamné par le peuple lui-même. Il fut dès lors fort naturel d'attacher à une semblable condamnation une idée d'opprobre et de déshonneur.

C'est en effet ce qui arriva. Quand, ce qui était l'exception, le crime prévu et puni par une *lex publicorum judiciorum* n'entraînait pas une peine capitale, dont la conséquence était toujours l'extinction totale de l'*existimatio* (n° 20), le condamné encourait, comme accessoire de la peine, et comme suite directe de la nature du jugement, la réprobation publique. — Sans perdre la qualité de citoyen, il en perdait certaines prérogatives, telles que le droit aux honneurs et aux dignités, et celui de voter dans les assemblées du peuple. Le préteur y ajouta l'incapacité de postuler, en comprenant, comme nous l'avons vu, ces personnes au nombre des *turpitudine notabiles* (n° 12). Car l'infamie, dans le sens que ce mot eut sous l'Empire, venait ici de la loi, et non du préteur; ce n'était pas une *infamia* dans le sens étymologique que j'ai donné à ce mot (n° 11), mais une *ignominia*, et c'est ce qui explique pourquoi les individus qui ont subi une condamnation *judicio publico* ne sont pas mentionnés dans la liste des infâmes dressée par le préteur (n° 12). Ce ne fut qu'à la suite de l'extension que prit l'institution de l'infamie, par la fusion qui s'était opérée entre elle et l'ignominie, que le mot *infamis* fut appliqué aux *judicio publico damnatis*.

29. Comme dans le Droit civil, on rencontre dans le Droit criminel romain, à côté de la procédure régulière, une procédure *extra ordinem*. La différence résultait exclusivement ici de l'existence ou de la non-existence d'une *lex judiciorum publicorum*, abstraction faite de la nature de la peine et de l'étendue de l'action. Ce ne fut que postérieurement, quand il ne resta plus des *judicia publica* que le nom, qu'on put les définir: *quorum cuivis ex populo executio datur* (§ 1, *Inst. IV*, 18); mais ce n'était pas là leur caractère essentiel: nous en avons pour preuve cette disposition de Constantin qui, par des motifs d'ordre public, restreignit le droit d'accusation relativement à l'adultère, sans que pour cela ce

crime cessât d'être *delictum publicum* (*C.* 30, *C.* 9, 9.) Au contraire, aussi longtemps que l'*ordo judiciorum publicorum* se maintint, la seule différence était celle que j'ai indiquée: on opposait les *delicta extraordinaria* aux *admissa, crimina seu delicta legitima*, c'est-à-dire à ceux qui, étant prévus par une *lex*, étaient punis d'une *pœna legitima*. Cela résulte très-clairement des termes employés par les *Fr.* 3, *D.* 47, 11 ; 3, *D.* 47, 20; 1, *D.* 48, 1, et *C.* 1. *C.* 3, 15.

30. Voici comment la chose prit naissance. Il devait nécessairement arriver, et ceci se présenta déjà sous la République, que les lois par lesquelles le peuple avait délégué son pouvoir pour le jugement de chaque nature de *delicta publica* fussent insuffisantes pour permettre une répression efficace, et cela d'autant plus qu'en vertu du formalisme qui caractérisait à cette époque la procédure romaine, le juge était tenu de se renfermer rigoureusement dans les termes de la loi. Pour parer à cet inconvénient, des sénatus-consultes, et plus tard des constitutions impériales vinrent interpréter et étendre ces lois, et introduire ainsi des peines qui devaient être prononcées *extra ordinem*, car les délits auxquels elles étaient appliquées n'étaient pas prévus par les lois rendues par le peuple.

31. Quand plus tard les empereurs s'attribuèrent successivement les principales magistratures qu'avait créées la République, l'ancien ordre de choses fut encore plus profondément modifié. La juridiction criminelle se partagea entre les magistrats placés à la tête de l'*ordo judiciorum publicorum* et l'empereur, assisté de nouveaux fonctionnaires, particulièrement du préfet de la ville (*Fr.* 1, *pr. D.* 1, 12). Mais tandis que les premiers étaient toujours liés par la loi, de laquelle ils tiraient leur autorité même, toutes les causes qui étaient de la juridiction impériale se jugeaient *extra ordinem*. En même temps, la législation pénale tout entière se ré-

formait, et certaines *leges publicorum judiciorum*, telles que la *lex Cornelia majestatis*, la *lex Calpurnia repetundarum* et la *lex Plautia de vi*, disparaissaient entièrement pour faire place à des lois nouvelles.

La procédure *extra ordinem* remplaça ainsi peu à peu les *judicia publica*. Mais si le mode de procéder changea (à une époque d'ailleurs difficile à déterminer, mais qui, d'après l'époque où écrivait PAUL, et les termes employés par ce jurisconsulte, doit fort probablement se placer vers la fin du règne des Antonins, au moment où la jurisprudence classique était à son apogée), on ne cessa pas, pour cela, d'appliquer les peines déterminées par les anciennes *leges publicorum judiciorum*. « *Ordo exercendorum publicorum capitalium*, nous dit Paul, *in usu esse desiit, durante tamen pœna legum, cum extra ordinem crimina probantur* » (*Fr.* 8, *D. de jud. publ.* 48, 1). Toute la procédure observée pendant la période des *quæstiones* avait donc cessé d'être en usage à cette époque, quoique l'on eût encore conservé, paraît-il, l'ancienne terminologie, car le *Fr.* 1, § 1, *D.* 48, 8, fait mention du *judex quæstionis*.

32. Bien que, de ce moment, par suite des modifications apportées, comme on vient de le voir, au mode d'instruction et de jugement des procès criminels, il ne fut plus exact de considérer le condamné comme convaincu de son crime par le peuple tout entier, on continua néanmoins à appliquer les effets ignominieux que produisait une pareille sentence du temps des *quæstiones*, à toute condamnation prononcée en vertu d'une *lex judiciorum publicorum*, en rattachant le caractère de *judicium publicum* non plus à la procédure particulière qui était précédemment suivie et qui venait de disparaître, mais à la seule circonstance de l'existence d'une *pœna legitima*, c'est-à-dire déterminée par une *lex publicorum judiciorum*. De toute l'ancienne procédure

criminelle, le droit nouveau n'avait donc conservé qu'une faible partie, un détail, mais qui a précisément trait à la matière de l'infamie, car d'après la disposition du *Fr.* 7, *D. de publ. jud.* 48, 1 : « *Infamem non ex omni crimine sententia facit, sed ex eo quod judicii publici causam habuit...* » Or, je viens de le dire, le *judicium publicum* ne se distinguait sous le nouveau droit que par l'existence d'une *pœna legitima*.

33. Si maintenant nous recherchons quels étaient les *crimina publica* dont la condamnation emportait infamie, nous trouverons qu'ils étaient en réalité fort peu nombreux. Car, il ne faut pas perdre de vue que la note d'infamie n'avait d'effet, et par conséquent de raison d'être, que si elle portait sur une personne dont le droit de cité était encore intact. Or, la plupart des *delicta publica* étaient punis de peines capitales, lesquelles avaient toujours pour conséquence de faire perdre au moins la qualité de citoyen, sinon la liberté ou la vie. La note d'infamie résultant de la condamnation n'avait en pareil cas d'objet que si, par une cause quelconque, par exemple une réhabilitation qui n'aurait pas porté sur l'infamie elle-même, le *capite damnatus* ne subissait pas la peine capitale qui lui avait été infligée par le jugement. — Au contraire, si la *pœna legitima* n'était pas capitale, le droit de cité persistant, l'*existimatio* qui faisait partie de ce droit subissait en la personne du condamné, par suite de la condamnation même, une *minutio* qui était en pareil cas l'infamie. (Voy. n° 20. *Arg.* § 2, *Inst.* IV, 18; *Fr.* 2, *D.* 48, 1; *C.* 4 et 6, *C.* 2, 12.)

Je mentionnerai brièvement les *delicta publica* qui, n'entraînant ni la mort, ni l'exil (*aquæ et ignis interdictio*), remplacé plus tard par la déportation, ni la condamnation aux mines (*metalla*), c'est-à-dire aucune des peines capitales en usage à Rome, amenaient toujours à leur suite la note d'infamie, comme accessoire de la peine et comme conséquence de la condamnation. Ces crimes étaient :

1° La violence privée, c'est-à-dire commise sans armes, s'il faut s'en rapporter à l'explication des Institutes (§ 8, *Inst.* 4, 18), ou plus probablement, par argument de certains textes, celle faite contre un intérêt privé. (Voy. *Fr.* 7, 8, 10, 12, *D.* 48, 6; *Fr.* 2, §§ 1, 2, *D.* 47, 8.)

2° La brigue de fonctions publiques (*ambitus*), de quelque manière qu'elle se produisît (voy. p. ex. *C.* 1, *C.* 1, 16). Ce délit ne pouvait plus, sous l'Empire, se commettre que dans les municipes, car à Rome le droit de nomination aux fonctions n'appartenait plus au peuple, mais à l'Empereur (*Fr.* 1, *pr.* § 1, *D.* 48, 14). — Notons ici une constitution de l'année 469, par laquelle les empereurs Léon et Anthémius ordonnèrent que les ecclésiastiques qui brigueraient à prix d'argent les fonctions épiscopales fussent exclus du clergé et frappés d'infamie « *ad instar publici criminis et læsæ majestatis...* » (*C.* 31, *C.* 1, 3.)

3° La spéculation sur les vivres, dans le but d'en faire hausser le prix (*annona*) (*D.* 48, 12.)

4° Le *crimen de residuis*, ou fait d'un comptable de divertir à son usage, mais sans les consommer, des deniers publics qu'il était chargé de percevoir. — Dans le cas où il les aurait consommés, il y avait crime de péculat, dont la peine était capitale. (*Fr.* 1, cbn. *Fr.* 2, 4, § 3 *à* 5, *Fr.* 9, § 6, *D.* 48, 13; Paul, *Sent.* V, 27.)

5° Le plagiat, qui jusque sous l'Empire n'était puni que d'une peine pécuniaire, en vertu de la loi Fabia, fut rangé plus tard, à une époque qu'on ne saurait exactement déterminer, au nombre des *delicta extraordinaria*, et puni d'une peine arbitraire, qui le plus souvent était capitale (*Fr.* 1 *et* 7, *D.* 48, 15; § 10, *Inst.* 4, 18; Paul, *Sent.* V, 30, § 1). On sait que le mot *plagiat*, que MARTIAL, le premier (*Liv.* 1, *epigr.* 53), employa dans le sens qu'on lui donne ordinairement aujourd'hui, désigne dans sa signification propre et juridique, l'acte, commis sciemment et de mauvaise foi, de recéler, vendre, acheter, mettre ou tenir dans les fers un citoyen romain, ingénu ou affranchi, ou même l'esclave d'autrui. (Textes *suprà*, *et C.* 2, *C.* 3, 15; *Cod.* 9, 20.)

6° Le *crimen repetundarum*, ou fait d'un fonctionnaire de vendre ses faveurs. La peine était capitale ou non, suivant la gravité des circonstances (*Fr.* 6, § 1, *Fr.* 7, § 3, *D.* 48, 11; PAUL, *Sent.* V, 28; *C.* 1 *et* 6, *C.* 9, 27). Les délateurs gagés tombaient également sous le coup de la loi Julia *repetundarum*.

7° L'adultère, le crime de séduction (*stuprum*) et le trafic que faisait le mari de la personne de sa femme (*lenocinium*). Mais il faut signaler ici différentes particularités:

La femme surprise en flagrant délit d'adultère était, par ce seul fait, notée d'infamie, sans qu'il fût besoin de l'intervention d'un jugement. Elle était réputée « *quasi publico judicio damnata* » (*Fr.* 43, §§ 12, 13, *D.* 23, 2; cpr. ULP. *Rgl.* XIII, § 2). Si plus tard il intervenait une condamnation en forme, la femme se trouvait à double titre notée d'infamie. Son absolution en justice ne pouvait même lui épargner cette note, car, dit ULPIEN, « *factum lex, non sententiam notat* » (*Fr.* 43, § 12, *D.* 23, 2). Cette disposition était toute particulière à la femme: son complice ne devenait infâme qu'après condamnation (*Arg. Fr. cit.* cbn. *Fr.* 17, § 6, *D.* 48, 5 *et C.* 12, *C.* 9, 9). Mais il faut assimiler à la femme mariée, la fiancée et l'affranchie concubine de son patron (*Fr.* 3, *pr.* § 3, *D.* 48, 5). — Notons d'ailleurs que la peine de la rélégation et la confiscation de moitié des biens, qui frappait l'adultère, fut remplacée sous Constantin par la peine de mort, et que dès lors l'infamie n'eut plus d'objet en pareil cas (PAUL, *Sent.* II, 26, § 14; *C.* 30, § 1, *C.* 9, 9; v. aussi Nov. 134, ch. 10.)

Quant au *stuprum*, il ne constituait un crime que s'il était commis envers une femme libre, célibataire ou veuve, vivant honnêtement (§ 4, *Inst.* 4, 18, cbn. *C.* 25, *C.* 9, 9, *et* PAUL, *Sent.* II, 26, § 16). Si ce crime avait été commis avec violence, il tombait sous le coup de la loi Julia *de vi publica*, et était puni d'une peine capitale. Le coupable pouvait d'ailleurs échapper à la peine qui le menaçait, et par conséquent à l'infamie, en épousant la personne séduite (*Fr.* 3, *pr.* *D.* 25, 7.)

Enfin, observons encore que le *lenocinium* dont il est question au Digeste, au titre *De lege Julia de adulteris*, ne doit pas être confondu avec celui que nous rencontrerons plus loin. Ce n'est que par extension qu'on a appliqué ce mot à l'acte dont il s'agit ici, le trafic que le mari ferait de la personne de sa femme. Ce trafic se présume si le mari qui a surpris sa femme en adultère ne divorce pas avec elle (*Fr.* 2, § 2, *Fr.* 29, *pr. D.* 48, 5; *C.* 2, *C.* 9, 9). Dans ces cas, et dans d'autres qui leur sont assimilés (v. p. ex. *Fr.* 14, *D. ib.*, *C.* 9, *C. ib.*) la note d'infamie ne pouvait résulter que d'une condamnation (*Arg. Fr.* 2, § 6, *D.* 48, 5), à la différence de l'infamie qui frappait les *lenones* proprement dits. (Cpr., nos 76-79.)

34. Tous les *crimina publica* autres que ceux que je viens de citer étaient punis d'une peine capitale, et l'infamie résultant de la condamnation ne pouvait donc produire aucun effet, car l'*existimatio* se trouvait entièrement éteinte. Tels étaient les crimes de lèse-majesté et de haute trahison, d'abord punis de l'exil, en vertu de la loi Julia *majestatis*; puis, sous les empereurs, de la peine de mort avec *damnatio memoriæ* (j'aurai à parler plus tard d'une disposition toute spéciale qui frappait d'infamie les fils de certains

perduelles, nº 104, E. 3º); les crimes d'homicide, d'empoisonnement, de magie et d'incendie, punis d'exil, de mort ou de la peine du feu, par la loi Cornelia *de sicariis;* le parricide, ou meurtre des proches parents ou du patron, prévu par la loi Pompeia et punie d'une peine bien connue; l'inceste, puni par la loi Julia *de adulteriis* de la déportation; le crime de violence publique puni de la même peine par la loi Julia *de vi publica*; le viol et l'enlèvement, punis de mort par cette même loi; le crime de faux, réprimé en matière de testaments et de monnaies par la loi Cornelia *de falsis*, laquelle fut étendue, par une série de sénatus-consultes à tous les genres de faux; la peine variait beaucoup suivant les cas: c'était ou l'exil, ou la déportation, ou la condamnation aux mines (*metalla*), ou la mort, et même, à partir de Constantin, la peine du feu pour les faux-monnayeurs (*C.* 2, *C.* 9, 24); enfin, le crime de péculat, qui était puni de l'exil, et plus tard de la déportation, et le sacrilége qui, suivant les cas, entraînait la déportation, la condamnation aux mines ou la mort, même par le feu. Ces deux derniers étaient punis par la loi Julia *peculatus et de sacrilegiis.*

§ 2. Cas dans lesquels l'infamie résulte d'une condamnation pour **delicta extraordinaria.**

35. En principe, la condamnation pour délits dont la répression se poursuivait *extra ordinem* n'avait pas pour effet de frapper d'infamie le condamné. Le motif s'en trouve dans l'organisation de l'ancienne procédure criminelle, qui a été exposée au paragraphe précédent. Ici, en effet, la condamnation n'était pas prononcée en vertu d'une loi spéciale: pas de *pœna legitima* censée infligée par le peuple tout entier, seule considération sur laquelle se basait, comme on l'a vu, l'infamie résultant des *judicia publica* (nºs 28 et 32).

En fait cependant, les exceptions à ce principe étaient assez nombreuses. Elles résultaient, soit d'une disposition spéciale de l'édit du préteur, soit de considérations particulières tirées de la nature de certains délits. Je vais examiner successivement ces différentes exceptions au principe.

A. CALUMNIA — PRÆVARICATIO.

86. La condamnation pour crime de *calumnia* ou accusation calomnieuse, et de *prævaricatio* ou collusion de l'accusateur avec l'accusé pour abandonner l'accusation, entraînait l'infamie si elle intervenait à l'occasion d'un *judicium publicum*. Nous verrons plus loin que la *tergiversatio* ou abandon de l'accusation entraînait l'infamie de plein droit et sans jugement (n° 104, E. 1°).

Voici en quels termes s'exprime l'édit du préteur au sujet de la *calumnia* et de la *prævaricatio* (*Fr.* 1, *D.* 3, 2):

« *Infamia notatur... qui in judicio publico calumniæ prævaricationisve causa quid fecisse judicatus erit.* »

87. Peut-être n'est-il pas absolument exact, au point de vue auquel nous sommes placé, de ranger la *calumnia* et la *prævaricatio* au nombre des *delicta extraordinaria*. Car, s'il en était ainsi en matière civile, on ne saurait méconnaître, sans se mettre en opposition avec les textes les plus précis, que dans les affaires criminelles, la condamnation intervenait ordinairement *in judicio publico*, et que la *prævaricatio* spécialement donnait lieu à une question préjudicielle, qui devait être jugée avant le fond de l'affaire à l'occasion de laquelle elle s'était produite, et dans l'instance même dans laquelle devait se débattre l'accusation principale (*Fr.* 3, *pr.* § 1, *D.* 47, 15). Le paragraphe 2 de ce fragment rend cela plus évident encore, car le jurisconsulte y distingue formellement l'infidélité de l'avocat vis-à-vis de son client, aussi, mais improprement appelée *prævaricatio*, de

la *prævaricatio* dont il est ici question, en disant : « *Si advocato prævaricationis crimen intendatur, publicum judicium non est,* » et il est à remarquer qu'aucun texte ne prononce l'infamie contre l'avocat condamné pour ce motif. (Cpr. *infra* nº 104, B. 2º).

38. La loi Julia *judiciorum publicorum* ayant ordonné au juge de se prononcer, avant de passer au fond, sur la question de *prævaricatio* du précédent accusateur, si l'accusé objectait à l'accusateur actuel qu'il avait été déjà poursuivi et absous pour le même délit, la condamnation pour *prævaricatio* qui intervenait dans ce cas, entraînait infamie, comme étant rendue *in judicio publico*, bien que la peine encourue fût *extraordinaria*, car elle n'était pas déterminée par une loi (*Fr.* 2, cpr. *Fr.* 6 ; *Fr.* 3, § 1. *D.* 47, 15). — Si au contraire l'imputation de *prævaricatio* intervenait à l'occasion (*in causa*) mais non dans le cours d'une instance publique, la question se jugeait *extra ordinem*, « *quia neque lege aliqua de hac re cautum est, neque per senatus consultum, quo pœna quinque auri librarum in desistentem statuitur, publica accusatio inducta est.* » (*Fr.* 3, § 3. *D.* 47, 15). A prendre à la lettre le texte de l'édit que j'ai transcrit ci-dessus, il n'y aurait pas infamie dans ce dernier cas. Mais le *Fr.* 4, *D.* 47, 15, dit expressément : « *Prævaricator in* causa *judicii publici pronuntiatus infamis est.* »

39. Si, comme on vient de le voir, la *prævaricatio* survenue à l'occasion d'un *delictum publicum* était en certains cas poursuivie *extra ordinem*, la *calumnia in causa publici judicii* était toujours jugée *in publico judicio*, et l'observation que je faisais en tête du nº 37 *supra* est surtout exacte ici. — Car si l'accusation de *calumnia* intervenait trop tard pour être jugée dans l'instance même dans laquelle devait être examiné le crime faussement imputé à l'accusé par le *calumniator*, ce dernier tombait sous le coup de la Loi

Remmia, dont la sanction, véritable *pœna legitima* (*Fr.* 1, §§ 2 et 3, *D.* 48, 16), était la flétrissure, par l'impression de la lettre K (*Kalumnia*, *Kalumniator*) sur le front du condamné. D'où vint, pour désigner un homme digne de foi, l'expression *homo integræ frontis* que cite Papinien au *Fr.* 13, *D. de testibus* (22, 5). — Dans tous autres cas la *calumnia* était jugée *extra ordinem*, et, sauf une seule exception dont il sera bientôt parlé, la condamnation n'avait alors jamais pour effet de noter d'infamie. (*Non obstat C.* 16, *C.* 2, 12.)

40. On objecte au système que je viens de retracer d'après Marezoll, les termes du *Fr.* 43, § 11, *D. de ritu nupt.* (23, 2), et un passage ainsi conçu des Sentences de Paul : « *Et in privatis et in publicis judiciis omnes calumniosi extra ordinem pro qualitate admissi plectuntur.* » Mais il faut observer, — la remarque en a déjà été faite par Cujas, — que jurisconsulte a employé ici le mot *publicis* par opposition à le *privatis* et non à *extraordinariis*. L'exactitude de cette interprétation est corroborée par la modification même que les rédacteurs des Pandectes ont fait subir à ce fragment (*Fr.* 3, *D.* 48, 16). En substituant le mot *extraordinariis* au mot *publicis* ils ont donné à ce passage une signification qui n'était pas dans l'intention de Paul, mais qui établit par cela même d'autant plus clairement que la *calumnia in judicio publico* était toujours censée jugée *judicio publico*, par suite de l'existence de la *pœna legitima* de la Loi Remmia, encore en vigueur à cette époque, car il en est fait mention expresse au Digeste. (*Fr.* 1, *D.* 48, 16).

Quant au texte d'Ulpien, au titre *De ritu nuptiarum* (*Fr.* 43, § 11, *D.* 23, 2), il paraît être tout spécial à la question du *connubium* des sénateurs, que nous examinerons plus loin, et ne saurait ainsi servir d'argument contre notre système. Il suffit de lire ce texte pour que le doute ne soit plus possible. Ulpien dit, au § 10 de ce fragment : « *Senatus censuit non conveniens esse ulli senatori uxorem ducere aut retinere damnatam publico judicio...*, puis il continue au § 11 : « *Si qua calumniæ judicio damnata sit ex causa publici judicii, et quæ prævaricationis damnata est*, publico judicio damnata esse NON VIDETUR. » Ces derniers mots sont bien évidemment spéciaux à la question du mariage : ils expriment une exception de faveur, et non la règle elle-même.

41. Les textes ne nous citent qu'un seul cas où la *calumnia*, n'étant pas intervenue à l'occasion d'une instance publique, entraînait cependant l'infamie de la personne condamnée. Si une veuve, sachant qu'elle n'était pas enceinte, ou que sa grossesse n'était pas l'œuvre de son défunt mari (*Fr.* 16, 18, *D.* 3, 2 ; *Fr.* 3, § 3, *D.* 43, 4), avait obtenu (*Fr.* 15, 19, *D.* 3, 2), ou tenté d'obtenir (*Fr.* 1, § 2, *D.* 25, 6 ; *Fr.* 1, § 14 *ad fin. D.* 37, 9) par ses manœuvres, l'envoi en possession *ventris nomine* des biens délaissés par ce dernier, la décision par laquelle le préteur déclarait qu'elle avait agi *per calumniam*, avait pour effet de produire l'infamie. Si la femme était encore en puissance de son père, et qu'il fût prouvé que la supercherie avait été autorisée ou simplement tolérée par celui-ci, l'infamie le frappait seul, et épargnait la femme. (*Arg. Fr.* 19, cbn. *Fr.* 17, *D.* 3, 2 ; cpr. *Fr.* 11, § 4 ; *Fr.* 12, 13, § 1, *D. eod.*)

Le fondement de la note d'infamie était uniquement ici une considération en quelque sorte personnelle au préteur. Il voyait dans cette fraude une atteinte portée à sa dignité et au respect qui lui était dû. (*Fr.* 17, *D.* 3, 2 ; cpr. *Fr.* 1, *pr. D.* 3, 1.)

B. STELLIONAT.

42. La controverse a été vive sur ce point. Elle a pris naissance dans deux textes d'ULPIEN qui, de prime abord, semblent en contradiction formelle. Tandis qu'au livre VI de son commentaire sur l'Édit, ce jurisconsulte s'exprime ainsi :

« *Crimen stellionatus infamiam irrogat damnato, quamvis judicium publicum non est* » (*Fr.* 13, § 8, *D.* 3, 2), nous trouvons d'autre part cet autre texte, emprunté par les rédacteurs des Pandectes au livre VIII *ad Sabinum* du même auteur : « *Stellionatus judicium famosum quidem non est, sed coercitionem extraordinariam habet.* » (*Fr.* 2, *D.* 47, 20.)

Un seul point ressort bien clairement de ces deux fragments : c'est que le stellionat était un *crimen extraordinarium* (v. aussi *Fr.* 3, *D.* 47, 11 ; *C.* 3, *C.* 9, 34). Mais s'il s'agit de décider d'après ces textes, les seuls que l'on trouve sur ce point dans les lois romaines, si la condamnation pour stellionat était infamante, ils paraissent se détruire réciproquement.

43. Voici les différentes solutions que l'on a proposées :

D'après Cujas, à l'opinion duquel les auteurs se sont généralement ralliés, il résulterait de ces textes que l'infamie dépendait uniquement ici des circonstances, et qu'elle intervenait ou non, suivant que le stellionat était ou non en concours avec une action infamante résultant d'un des délits mentionnés au *Fr.* 7, *D. de publ. jud.*, 48, 1. Mais une pareille explication repose sur une hypothèse toute gratuite, qui ne saurait en aucune manière s'appuyer sur une disposition de la loi.

On est allé plus loin et l'on a dit que, comme en pareil cas l'infamie n'était pas produite de plein droit, mais qu'elle devait être prononcée par un jugement, le juge était libre de l'infliger ou de ne pas l'infliger, car l'instance étant *extraordinaria*, le juge était seul appréciateur de la peine à prononcer, dans les limites déterminées au *Fr.* 3, § 2, *D.* 47, 20. — Et, ajoutait-on dans ce système, comme l'avait déjà soutenu Cujas pour défendre son opinion, les mots « *infamiam irrogat* » qui se lisent au *Fr.* 13, § 8, *D.* 3, 2, doivent être entendus dans le sens de *irrogare potest*, interprétation autorisée par des exemples analogues qui se trouvent en différents endroits du Digeste (*Fr.* 21, *pr. D.* 40, 7; *Fr.* 1, § 4, *D.* 3, 1). — Cette solution ne saurait pas plus se justifier que la précédente. Il en est de même de celle qu'a proposée ANTOINE FAVRE (*Conject.* IV, 2). Cet auteur, pour sortir d'embarras, retranche la négation qui se trouve au Fr. 2, D. 47, 20, et lit «*judicium famosum — est.*» Mais la construction grammaticale de la phrase s'oppose absolument à l'admission de cette leçon.

44. Aucune de ces explications n'est donc acceptable, car elles sont ou bien fondées sur des suppositions que ne justifie aucun texte, ou même formellement contraires aux deux textes que nous examinons. Celle que propose MAREZOLL (*op. cit.*, p. 135-6) me paraît beaucoup plus probable. Au Fr. 2, D. 47, 20, le second des deux textes qui nous occupent ici, il y a opposition évidente entre le mot *famosum* qui se trouve dans la première partie de la phrase, et les mots *coercitionem extraordinariam*, qui se lisent dans la deuxième partie. Il est donc permis de croire qu'ULPIEN a pris ici *famosum* dans le sens de *publicum*. Comme régulièrement les *judicia publica* seuls entraînaient, ainsi que nous l'avons vu, la note d'infamie en matière criminelle, cette métonymie est fort admissible de la part d'ULPIEN, qui s'occupait bien moins ici de l'effet infamant d'une condamnation pour stellionat, ainsi qu'il le fait au contraire au Fr. 13, § 8, D. 3, 2, que de la juridiction, du mode de procéder, ou, pour mieux dire encore, de la nature de la peine en cas de stellionat, ce que dans un autre fragment il exprimait en disant: « *Stellionatus... judicium accusationem quidem habet, sed* non est publicum » (*Fr.* 3, *D.* 47, 11), et ce qu'ailleurs il énonce plus clairement encore par ces mots: « *Pœna stellionatus nulla legitima est, cùm nec legitimum crimen sit.* » (*Fr.* 3, § 2, *D.* 47, 20.)

Cette apparente antinomie doit donc se résoudre ainsi : Bien que le stellionat ne rentre pas dans la classe des *judicia publica* qui seuls, régulièrement, entraînaient l'infamie ; bien qu'il soit réprimé *extra ordinem*, la condamnation pour stellionat n'en est pas moins infamante.

45. Mais pourquoi cette exception à la règle posée au *Fr.* 7. *D.* 48, 1 ? Pourquoi le stellionat, *crimen extraordinarium*, entraîne-t-il infamie ? C'est encore Ulpien qui va nous le dire. Au § 1 du *Fr.* 3, *D.* 47, 20, il s'exprime ainsi : « *Stellionatum objici posse his qui dolo quid fecerunt sciendum est : scilicet si aliud crimen non sit quod objiciatur ;* QUOD ENIM IN PRIVATIS JUDICIIS EST DE DOLO ACTIO, HOC IN CRIMINIBUS STELLIONATUS PERSECUTIO. » Et, après avoir donné quelques exemples, le jurisconsulte conclut : « *Et, ut generaliter dixerim,* DEFICIENTE TITULO CRIMINIS, HOC CRIMEN LOCUM HABET, *nec est opus species enumerare.* » Tout dol en matière criminelle constituait donc le crime de stellionat. Or, le dol en matière civile était infamant (n° 48). Le stellionat rentrait donc ainsi dans la catégorie exceptionnelle des *crimina* dont parle le *Fr.* 7, *D.* 48, 1, quand, après avoir dit qu'en matière criminelle les *judicia publica* avaient seuls pour effet d'entraîner l'infamie pour le condamné, le jurisconsulte Macer ajoute : « *Itaque ex eo crimine quod publici judicii non fuit, damnatum infamia non sequetur*, nisi id crimen ex ea actione fuit QUÆ ETIAM IN PRIVATO JUDICIO infamiam condemnato importat, *veluti furti, vi bonorum raptorum, injuriarum.* » — C'est précisément le cas ici. Le stellionat est le dol en matière criminelle : or, l'action du dol « *in privato judicio* » est infamante, donc l'action de stellionat sera également infamante, car « *crimen stellionatus ex ea actione est quæ etiam in privato judicio infamiam condemnato importat.* »

C. VIOLATION DE SÉPULTURE.

46. L'observation faite au numéro précédent s'applique éga-

lement ici dans toute sa rigueur. Si en effet l'*actio sepulchri violati*, qu'elle fût privée, ou que la poursuite eût lieu *extra ordinem*, était infamante (*Fr.* 1, *D.* 47, 12), la raison en est que la violation de sépulture était considérée comme constituant soit un dol, soit une injure, soit un vol, suivant les formes infinies qu'elle pouvait prendre d'après les lois romaines (V. le titre *De sepulchro violato*, *D.* 47, 12; Paul, *Sent.*, I, 21). Nous trouvons même un cas dans lequel il y avait véritablement *judicium publicum*: la personne qui s'opposait par la force à l'ensevelissement d'un mort et qui pour ce fait était également considérée comme ayant violé une sépulture, «*quia qui sepulchrum violat facit quo minus sepultus sit*,» tombait sous le coup de la loi Julia *de vi publica* (*Fr.* 8, *D.* 47, 12). Plus tard l'empereur Julien assimila le vol dans une sépulture au sacrilége et le punit comme tel. (*C.* 5, *C.* 9, 19.)

D. Crimen expilatæ hæreditatis.

47. Le détournement d'objets faisant partie d'une hérédité donnait lieu, depuis le règne de Marc-Aurèle, à des poursuites *extra ordinem* (*Fr.* 1, *D.* 47, 19); jusqu'à cette époque un fait de cette nature n'était pas puni. Ici encore la condamnation qui intervenait avait la note d'infamie pour effet, car les *expilatores* en général étaient considérés comme *fures atrociores* (*Fr.* 1, § 1, *D.* 47, 18) ou *improbiores* (*C.* 12, *C.* 2, 12), et l'*expilatio hereditatis* n'était ainsi qu'un vol d'une gravité particulière. Nous nous trouvons donc dans les termes du *Fr.* 7, *D.* 48, 1, que j'ai cité au n° 45. — La même raison doit nous faire considérer comme infâmes tous les condamnés pour vols de nature spéciale, dont la répression se poursuivait *extra ordinem*, tels que les *fures nocturni* et *balnearii*, et les *abigei* ou *abductores*. L'infamie n'avait pas d'objet, appliquée aux *latrones*, *effrac-*

tores, directarii, saccularii et *receptatores*, qui étaient en général punis de peines capitales.

§ 3. Des délits privés à la condamnation desquels la note d'infamie est attachée.

48. Voici, sur ce point, les termes de l'Édit :

« *Infamia notatur... qui furti, vi bonorum raptorum, injuriarum, de dolo malo et fraude, suo nomine damnatus pactusve erit.* » (*Fr.* 1, *D.* 3, 2; *adde Fr.* 4, § 5, *eod.*) — Les Institutes de Justinien (§ 2, *Inst.* 4, 16), comme celles de Gaius (*Comm. IV*, § 182), parlent de l'effet infamant de la condamnation encourue pour de pareils délits, à l'occasion des peines infligées aux plaideurs téméraires. L'infamie cependant était moins fondée ici, comme on pourrait l'induire de cette circonstance, sur la *temeritas litigandi* que sur une intention malveillante et calculée, sur le dol qui est toujours présupposé avoir été le mobile de l'auteur d'un délit de cette nature. — Le dol doit être plutôt envisagé comme circonstance aggravante d'un délit que comme constituant par lui-même un délit spécial, et c'est à ce premier point de vue qu'il me paraît avoir été mentionné ici. L'action de dol, — et il ne faut entendre par là que le *dolus malus* (cpr. *Fr.* 1, §§ 2 et 3. *D.* 4, 3), — était toujours et essentiellement infamante (*Fr.* 11, *D. eod.*), qu'elle intervînt d'ailleurs à l'occasion de contrats ou à l'occasion de délits. Les délits privés ne présupposent pas nécessairement le dol ; les seuls délits ici nommés : le vol avec ou sans violence (*furtum, rapina*) et l'injure, sont toujours présumés commis par dol, et c'est pour ce motif que seuls ils lui empruntent dans tous les cas son caractère infamant.

49. Cette observation explique, selon moi, pourquoi, dans certains textes (*Fr.* 7, *D.* 48, 1 ; *Fr.* 56, *D.* 17, 2 ; Gaius, *loc. cit.*) nous ne trouvons pas mention de l'action spéciale

de dol à la suite des trois délits privés que je viens de citer. — Aussi, s'il est vrai de dire en principe, qu'en dehors de ces trois délits, et du délit de violation de sépulture, poursuivi par action privée (cpr. n° 46), aucun autre délit privé, bien que naissant *ex turpi facto*, n'entraînait l'infamie par suite de la condamnation, cette règle devra fléchir du moment qu'un délit aura été commis *dolo malo*.

Ainsi, en considérant le fait en lui-même et abstraction faite du dol, les condamnations provoquées par les actions *servi corrupti*, *quod metus causa* et celle naissant de la loi Aquilia pour le dommage causé à tort n'étaient pas infamantes (*Fr.* 3 *pr. et* 17, *D.* 11, 3, cbn. *Fr.* 2, *D.* 25, 2, cbn. *Fr.* 56, *D.* 17, 2, cbn. *Fr.* 6 *in fine*, *et* 7, *D.* 37, 15; — *Fr.* 7, *pr. D.* 4, 2; — *Fr.* 56, *D.* 9, 2, cbn. *Fr.* 2, *D.* 25, 2). Il en était de même des interdits en général (*Fr.* 13, *D.* 43, 16; *Fr.* 32, *D.* 48, 19), et des actions personnelles proprement dites (*condictiones*), alors même qu'elles dérivaient d'une cause infamante, telles, par exemple, que la *condictio furtiva* (*Arg. Fr.* 19, *D.* 13, 1), et l'*actio rerum amotarum*. (*Fr.* 26, cbn. *Fr.* 2, 5 *et* 21, *D.* 25, 2.)

§ 4. Cas dans lesquels l'infamie naît d'une condamnation intervenue à l'occasion de contrats.

50. Si dans les délits dont il a été question au paragraphe précédent, l'infamie reposait sur la présomption légale d'un dol préexistant, le caractère infamant d'une condamnation pour faits délictueux commis dans certains contrats et dans le quasi-contrat de tutelle, était à la fois fondé sur une présomption de déloyauté (*perfidia*) et d'esprit de chicane (*temeritas litigandi*) de la part de celui qui s'était attiré une condamnation à raison d'un pareil fait.

Toutefois cet effet infamant de la condamnation ne se produit qu'en matière de société, de mandat et de dépôt, contrats qui présupposent une confiance mutuelle si absolue entre les contractants que c'est avec raison qu'on leur a donné quelquefois le nom de contrats d'amis (*contractus amicorum*, *Freundescontrakten*). Ajoutez à cela que l'infamie n'intervient en général que si la condamnation a été provoquée par l'action directe, et dès lors la disposition de la loi se justifie aisément. Si la personne en laquelle l'autre contractant a cru pouvoir placer une confiance suffisante pour lui remettre le soin de ses intérêts ou lui donner en garde une partie de sa fortune, vient à trahir cette foi qu'on a eue en elle; si, non contente de ne pas remplir les engagements qu'elle a pris, elle pousse l'audace jusqu'à venir défendre ses prétentions en justice, et que le juge les reconnaisse non fondées, il y a certes là une mauvaise foi insigne, qu'aggrave encore cet esprit de chicane qui ne l'a pas fait reculer devant une condamnation.

51. On a soulevé à ce propos la question de savoir s'il est nécessaire qu'il y ait eu dol de la part du condamné, ou si la simple mauvaise foi (*perfidia*) suffit pour que le jugement produise l'infamie (Marezoll, p. 149 à 155). Mais une pareille question me paraît oiseuse quand il s'agit de contrats où la bonne foi est une condition si essentielle qu'il est difficile de saisir la différence qui sépare la mauvaise foi du dol, alors que le contractant coupable va jusqu'à ne pas craindre de voir flétri par la justice son manque de loyauté. Écoutons Cicéron : « *Perditissimi est hominis simul et amicitiam dissolvere et fallere eum qui læsus non esset nisi credidisset. Itane est? in minimis rebus qui mandatum neglexerit turpissimo judicio condemnetur necesse est... is inter honestos homines atque adeo inter vivos numerabitur?* » Et plus loin : « *In rebus minoribus socium fallere turpissimum est... Ad cujus igitur fidem confugiet, cùm per ejus fidem læditur cui se commiserit? Atqui ea sunt animadvertenda peccata*

maxime, quæ difficillime præcaventur », etc. (*Pro Rosc. Amer.* c. 39 *et* 40; v. aussi, *Pro Rosc. Com.*, c. 6). Qu'importe dès lors que les textes emploient telle ou telle expression, qu'ils parlent de *perfidia* ou de *culpa* au lieu de spécifier le dol? Ceci, avouons-le avec VANGEROW, ressemble fort à une querelle de mots.

52. En règle générale, ai-je dit, l'infamie n'est attachée qu'à la condamnation provoquée par l'action directe. En d'autres termes le jugement ne sera infamant que s'il frappe le mandataire, le dépositaire, ou, dans le quasi-contrat de tutelle, le tuteur, et non s'il est rendu, sur la poursuite de ces personnes, contre le mandant, le déposant ou le pupille. — S'il s'agit d'une contestation entre associés, la partie qui succombe sera toujours notée d'infamie, car dans le contrat de société l'action est directe de part et d'autre.

Cette nécessité d'une condamnation par action directe était mentionnée en ces termes dans l'édit du préteur: « *Infamia notatur... qui pro socio, tutelæ, mandati, depositi, suo nomine,* non contrario judicio, *damnatus erit* » (*Fr.* 1, *D.* 3, 2; *adde* § 2, *Inst.* 4, 16). ULPIEN nous en donne la raison: «... *Contrario judicio damnatus non erit infamis, nec immerito: nam in contrariis non* de perfidia *agitur, sed* de calculo, *qui fere judicio solet dirimi* » (*Fr.* 6, § 7, *D.* 3, 2). Et ailleurs: «... *non* de fide rupta *agitur, sed* de indemnitate *ejus qui officium suscepit.* » (*Fr.* 5, *pr. D. depositi*, 16, 3; v. aussi *Fr.* 20, *D.* 4, 3.)

53. L'action contraire est donc présumée ne tendre qu'à une question d'intérêts pécuniaires, et c'est sur ce motif que repose toute la différence que nous remarquons ici. Mais ceci n'est pas absolu, et il peut se produire des circonstances où les contractants ont dû se témoigner une confiance mutuelle de telle nature que celui qui agit par l'action contraire peut avoir souffert de la *perfidia* de l'autre partie. C'est ce que

reconnaissait ULPIEN en disant au § 5 du même fragment : « *Notatur non solum qui mandatum suscepit, sed et is qui fidem quam adversarius secutus est non præstat : ut puta fidejussi pro te et solvi; mandati te si condemnavero, famosum facio.* » Ce qui est vrai de l'action que le mandataire intente contre le mandant, l'est aussi de la demande du dépositaire ou du tuteur contre un acte de mauvaise foi du déposant ou du pupille. Si ULPIEN s'en est tenu à l'exemple du mandat, c'est probablement parce que des hypothèses analogues se réalisent fort rarement et sont plus difficiles à imaginer en matière de dépôt et de tutelle.

54. A la place du contrat de dépôt, il est fait mention dans les anciens textes (Table d'Héraclée, lignes 111-37), et CICÉRON parle fréquemment (*Pro Rosc. Com*, c. 6; *Pro Cecina*, c. 2, *inf.* et c. 3; *De officiis*, III, c. 17; *De nat. deor.* III, c. 30) du contrat de fiducie. Le silence observé en pareil cas à l'égard du premier de ces contrats, remplacé sans cesse par le contrat de fiducie dans l'énumération des trois contrats dont la violation entraînait infamie, autorise à croire que pendant longtemps l'effet infamant ne se produisait que si les anciennes formes de la fiducie étaient intervenues dans une constitution de dépôt. Quand plus tard le contrat de fiducie cessa d'être en usage pour la constitution de dépôts, on transporta au simple contrat de dépôt les effets qui n'étaient précédemment attachés qu'à celui passé dans les formes plus solennelles de la fiducie. (Cpr. GAIUS, *Comm.* II, § 60, cbn. IV, § 182.)

55. En matière de tutelle, deux dispositions spéciales, résultant de la nature même de ce quasi-contrat, doivent encore trouver place ici.

La première de ces dispositions est relative à l'infamie qui frappe le tuteur destitué comme suspect. Cette destitution peut être considérée comme une véritable condamnation, car elle était prononcée, après enquête, par décret du magistrat. Mais si, quand il s'agissait de l'action de tutelle, la question de dol importait peu (n° 51), ici au contraire elle est essentielle. L'action de tutelle n'intervenait guère qu'à l'expiration des fonctions du tuteur, au moment de la reddition des comptes. Dès lors, le caractère infamant de l'action reposait plutôt sur la *temeritas litigandi* que sur le fait dolosif qui provoquait la condamnation. Mais en cas de révocation, l'idée de dol l'emporte sur toute autre, si bien que la conséquence infamante cesse, si la destitution a été provoquée par tout autre fait, ou si le magistrat, tout en reconnaissant que la gestion est frauduleuse, se borne à adjoindre un second administrateur au tuteur en exercice (§ 6, *Inst.* I, 26; *Fr.* 3, § 18, *D.* 26, 10; *C.* 9, *C.* 5, 43). Pour éviter tout doute sur les motifs de la destitution, le préteur devra les énoncer d'une manière précise (*Fr.* 4, § 1, 2, *D.* 26, 10); autrement la révocation ne serait pas infamante, car le dol ne se présume pas. Il ne serait pas exact d'assimiler ici la faute lourde au dol proprement dit, car si cette assimilation est juste quand il est question des suites d'un contrat (*Fr.* 1, § 1, *D.* 11, 6; *Fr.* 29, pr. *D.* 17, 1), il n'en est plus de même lorsqu'il s'agit de l'application d'une peine, et il est à remarquer qu'alors les textes distinguent soigneusement entre *dolus* et *culpa lata* (*Fr.* 7, *D.* 48, 8; *Fr.* 42, *D.* 48, 19). La disposition du § 1er, *Fr.* 7, *D. de suspect. tutor.* (26, 10), ne prouve rien contre cette manière de voir: ce paragraphe, en effet, parle de la destitution « *quasi suspectus*, propter latam NEGLIGENTIAM. » Or PAUL nous donne au *Fr.* 226, *D.* 50, 16, l'interprétation suivante de cette expression: « *Magna negligentia culpa est; magna culpa dolus est.* » Destituer un tuteur « *propter latam negligentiam* » revient donc à le destituer « *propter inertiam vel ineptiam,* » cas dans lesquels la révocation n'entraînait pas l'infamie. (*Fr.* 3, § 18, *D.* 26, 10; *C.* 9, *C.* 5, 43.)

56. Le second cas d'infamie particulier à la tutelle est relatif au mariage du tuteur (ou du curateur) avec sa pupille. Si celui qui était chargé d'une tutelle ou d'une curatelle épousait, ou faisait épouser à son fils, la pupille dont la personne ou les biens lui étaient confiés, avant que cette dernière eût accompli sa 26e année, c'est-à-dire avant l'expiration du délai d'un an accordé pour demander, s'il y avait lieu, la *restitutio in integrum* (*C.* 6, *C.* 5, 6), il était noté d'infamie, et le mariage était nul (*Fr.* 62, § 2, 66, *D.* 23, 2; *C.* 6, 7, *C.* 5, 6; *C.* 4, *C.* 5, 62). Nous trouvons les motifs de cette disposition, introduite par un sénatus-consulte dont les textes ne nous donnent pas le nom, dans une constitution de Dioclétien; le législateur présumait une intention de dol, une manœuvre destinée à faire disparaître derrière l'autorité et les droits du mari ou du chef de famille, les irrégularités que le tuteur aurait commises dans le cours de sa gestion. Aussi Dioclétien assimile-t-il en pareil cas le tuteur à celui qui aurait été condamné par faits de tutelle : «...*Manet infamia contra eum*, veluti confessum de tutela, *quia hujusmodi conjunctione, fraudem administrationis tegere laboravit.*» (*C.* 7, *C.* 5, 6.)

Cette prohibition, qui portait également sur les fiançailles (*Fr.* 15, *D.* 23, 1; *Fr.* 60, § 5, *D.* 23, 2), pouvait avoir pour conséquence de créer une véritable incapacité d'être tuteur ou curateur, car l'infamie menaçait celui qui, étant tuteur ou curateur de sa bru, ne se faisait pas remplacer. (*C.* 3, *C.* 5, 6; *C.* 17, *C.* 5, 62.)

57. Il est difficile de dire si, dans le cas où le mariage avait été contracté entre la pupille et le fils du tuteur ou du curateur, la note d'infamie frappait à la fois le père et le fils. La difficulté résulte de la rédaction amphibologique du texte même qui semble devoir résoudre cette question. PAUL, au Fr. 66 *D. de ritu nupt.* (23, 2), s'exprime ainsi : «*Non*

est matrimonium si tutor vel curator pupillam suam... ducat uxorem, vel eam filio suo jungat: quo facto uterque *infamatur.... nec interest filius sui juris an in patris potestate sit.»*

Le mot *uterque* vise-t-il le tuteur *et* le curateur, comme le soutient MAREZOLL (p. 159-160), ou se rapporte-t-il au tuteur (ou curateur) *et à son fils*, lequel aurait épousé la pupille de son père? Cette dernière interprétation est la plus probable au point de vue grammatical de la phrase, mais au point de vue juridique, elle est contraire à la règle écrite au Fr. 12, D. *de his qui not. inf.* (3, 2), où le même jurisconsulte, s'occupant de la question du mariage pendant l'an de deuil, dont il sera parlé plus loin, dit au contraire: « *Qui jussu patris duxit...* non *notatur.*» ULPIEN s'exprime en termes analogues au fragment précédent du même titre. La constitution 7, Cod. *de interdicto matrim.* (5, 6), peut fournir, ce me semble, un argument en faveur de l'extension de ces derniers textes au cas qui nous occupe: elle se sert de termes à peu près semblables à ceux qu'emploie PAUL, au Fr. 66, D. 23, 2, mais l'amphibologie a disparu: «*Si tutor vel curator pupillam... sibi vel filio suo... in matrimonio collacaverit, manet infamia contra* eum...» Il n'est pas question de l'infamie qu'encourrait le fils.

58. Toute la disposition cesse d'ailleurs si le mariage a été contracté par suite de la volonté formellement exprimée par le père de la pupille, soit qu'il ait consigné cette intention dans son testament, soit qu'il ait, de son vivant, autorisé les fiançailles (*Fr.* 36 et 66, *D.* 23, 2; *Fr.* 7, *D.* 48, 5). Il en sera de même si, par dispense impériale, le tuteur a obtenu la permission de faire un pareil mariage. (*C.* 7, *C.* 5, 6.)

§ 5. Observations communes aux quatre paragraphes précédents.

59. Dans tous les cas que nous venons d'examiner, l'infa-

mie n'existait que s'il était intervenu un jugement de condamnation. Ce n'était pas le fait, l'infraction à la loi, qui étaient infamants, à l'encontre des cas dont il sera question dans la seconde section de ce chapitre; c'était la condamnation prononcée à l'occasion de pareils faits. Si, pour un motif ou pour un autre, une condamnation n'intervenait pas, l'auteur du fait échappait à la note d'infamie.

Cela est vrai d'une manière absolue, si le fait punissable s'était produit à l'occasion des contrats dont il a été parlé au § 4; mais il n'en était pas toujours ainsi s'il s'agissait de délits. Car si, pour les contrats, le motif de l'infamie réside principalement dans l'esprit de chicane qui pousse le débiteur à ne pas remplir ses engagements avant d'y être contraint en justice, et qu'il suffise ainsi qu'il consente à s'exécuter, à transiger, à satisfaire son adversaire d'une manière quelconque avant que le juge se soit prononcé, pour échapper à la condamnation, et par conséquent à l'infamie, — *omnia judicia absolutoria sunt* (*Inst.* 4, 12, § 2), — dans les délits, au contraire, nous trouvons, à côté du dommage causé, l'élément du dol, l'action délictueuse en elle-même, qu'aucune réparation envers la partie lésée ne pourra effacer (*Fr.* 65, *D.* 47, 2; *Fr.* 5, *D.* 47, 8). Le juge, une fois saisi, pourra toujours infliger une peine, car, malgré la réparation du dommage, un fait punissable subsistera toujours.

60. Bien plus, la transaction même, le pacte intervenant à l'occasion de délits est par lui-même infamant. Il est toujours honorable de reconnaître ses torts, et c'est le seul mobile qui est censé guider le contractant qui transige. Aussi le pacte intervenu entre les parties, à l'occasion des contrats dont il a été question, et du quasi-contrat de tutelle, n'est-il jamais infamant (*Fr.* 7, *D.* 3, 2). — Au contraire, l'auteur d'un délit se condamne lui-même, il ajoute à la turpitude de son fait quand, pour échapper à la peine qui le

menace, il vient avouer sa faute et offrir réparation en proposant à la partie lésée de lui acheter son silence. S'il s'agit d'un crime, il y a ou prévarication ou faux par corruption de témoins: une nouvelle action publique, basée sur la loi Cornelia *de falsis*, ou sur la loi Julia *repetundarum* est dès lors ouverte. Mais si c'est un simple délit privé, c'est-à-dire un acte dont la poursuite n'appartient qu'à la partie lésée, on comprend que la loi n'ait pas voulu que le fait délictueux pût ainsi échapper à la répression, et c'est par ce motif qu'elle attache l'infamie au seul fait de pactiser en pareille circonstance, car l'auteur du délit s'est reconnu lui-même coupable; il est condamné par son propre jugement. (*Fr.* 1, 5, *D.* 3, 2; *Fr.* 7, *D.* 47, 15; *Fr.* 29, *D.* 49, 14; *Fr.* 1, *D.* 42, 2; § 2, *Inst.* 4, 18; GAIUS, *Comm.* IV, § 182.)

Toutefois ce n'est que si le pacte a eu pour objet une somme d'argent, si le silence peut être considéré comme *acheté*, que l'infamie est encourue: on n'a pas voulu enlever à la victime la faculté de pardonner, ni au coupable celle de demander son pardon; c'eût été, dit ULPIEN, contraire à l'humanité. (*Fr.* 6, § 3, *D.* 3, 2; *Fr.* 4, *D.* 49, 14; *C.* 18, *C.* 2, 12.)

61. Enfin, le pacte n'était infamant que s'il était intervenu extrajudiciairement. « *Qui jussu prætoris, pretio dato pactus est, non notatur* (*Fr.* 6, § 3, *D.* 3, 2). Cette intervention du magistrat dans la transaction des parties se produisait dans les actions *arbitrariæ*, au nombre desquelles on range entre autres les actions de dol, d'injures et de violation de sépulture. La condamnation, et par conséquent l'infamie, n'intervenaient alors que si le défendeur refusait de s'en remettre à l'arbitre du juge: la transaction était ici en quelque sorte forcée. — A cela se rapporte aussi une autre disposition relative au serment. Si la partie à laquelle le serment avait été déféré jurait n'avoir pas commis le fait qu'on lui imputait, elle échap-

pait à la condamnation et par conséquent à l'infamie (*Fr.* 6, § 4, *D.* 3, 2; *C.* 18 *in fin.*, *C.* 2, 12): il y avait présomption légale d'innocence et le serment équivalait à la transaction (*Fr.* 21, *D.* 4, 3). Lors même qu'un faux serment aurait été prêté, l'infamie n'intervenait pas: « *Sufficit perjurii pœna,* » dit le Fr. 22, D. 4, 3; or, sauf deux cas tout spéciaux qui seront indiqués plus loin, la peine du parjure n'était pas infamante. (V. nos 98 et 104, *D.* 2°.)

62. La note d'infamie résultant d'un pacte est l'exception la plus générale au principe que, dans les cas dont nous nous occupons, il n'y avait pas d'infamie sans condamnation. J'ai déjà cité plus haut les exceptions plus spéciales relatives à l'infamie de la femme surprise en adultère (n° 33, 7°) et du tuteur écarté comme suspect pour cause de dol ou noté d'infamie pour mariage avec sa pupille (nos 55 à 58); nous trouverons plus bas une dernière exception établie par le sénatus-consulte Turpillien. (N° 104, *E*, 1°.)

63. Examinons maintenant les conditions requises pour qu'une condamnation prononcée à l'occasion des faits dont il a été question aux quatre paragraphes précédents produisît son effet infamant. Et tout d'abord, notons que l'infamie était attachée à la condamnation elle-même, de telle sorte qu'elle existait dès que le fait avait été reconnu constant par le juge, encore qu'il n'ait pas été prononcé de peine. (*Fr.* 1, § 4, *D.* 48, 16; *C.* 12, *C.* 2, 12.)

Le jugement devait être rendu *causa cognita*, en d'autres termes être dirigé contre la personne à laquelle le fait était imputé, et dans l'instance engagée à raison de ce fait. — La sentence interlocutoire ou arbitrale, l'admonition adressée par le juge à l'auteur du fait, à l'occasion et dans le cours d'une autre affaire, n'avaient jamais l'infamie pour effet (*Fr.* 13, § 5, 6; *Fr.* 19, 20, 21, *D.* 3, 2; *C.* 17 et 19, *C.* 2, 12). Le jugement devait porter d'une manière précise sur l'élément infamant du fait, dans une instance introduite à l'occasion de ce fait ; ainsi s'explique pourquoi, dans les actions qui tendaient uniquement à l'accomplissement d'une obligation personnelle, telles que les *condictiones* et les interdits, la condamnation n'était pas infamante, malgré l'*atrocitas facinoris* qui empêchait les parents d'intenter entre eux certaines de ces actions. (*Fr*. 2, *D*. 37, 15; *Fr*. 1, § 43, *D*. 43, 16. — V. nº 49.)

64. Le jugement devait en second lieu être prononcé directement contre l'auteur du fait ayant donné lieu à l'instance: c'est ce qu'expriment les textes par les mots *suo nomine damnatus* (*Fr*. 1, 4, § 5, *D*. 3, 2). Ceci, à un double point de vue. Car, si d'une part l'infamie ne pouvait atteindre ni le représenté, ni le représentant, quand la condamnation était intervenue contre le second pour le fait du premier, d'autre part elle ne frappait non plus le complice qui n'était pas engagé au procès. (*Fr*. 6, § 2, *D*. 3, 2; Gaius, IV, § 182; — *Fr*. 17, § 6, *D*. 48, 5, et *C*. 12, *C*. 9, 9 et arg.)

Notons cependant deux exceptions.

En matière criminelle, la représentation n'était pas permise, et ce ne fut que par un privilége tout spécial que l'empereur Zénon autorisa les *illustres* et les membres de leurs familles à agir par procureur, si l'on avait intenté contre eux l'action criminelle d'injures, au lieu de les poursuivre par l'action civile privée. (*C*. 11, *C*. 9, 35; Nov. 71, ch. 1.)

En second lieu, si, en règle générale, les héritiers ne pouvaient être frappés d'infamie du fait de leur auteur, parce qu'ils n'avaient pas à répondre du délit lui-même, mais seulement du tort causé (*Fr*. 29, *D*. 4, 3), il en était autrement pour les faits nés à l'occasion des contrats de dépôt et de mandat, lesquels se continuaient dans la personne des héritiers. (*Fr*. 6, § 6, *D*. 3, 2.)

65. Le jugement prononcé *causa cognita* et *suo nomine* devait enfin avoir été valablement rendu et être devenu définitif, pour que l'infamie pût en résulter. — Une condamnation est censée ne pas exister si elle a été rendue par un juge incompétent, ou si le condamné interjette appel (*Fr.* 2, § 2, *D.* 48, 19) : dans le premier cas le jugement est nul d'une manière absolue et ne peut produire aucun effet; dans le second cas les effets de la condamnation sont suspendus tant qu'il n'a pas été statué sur l'appel, et alors même que le jugement dont est appel est confirmé, il ne produit effet qu'à dater du jour de la confirmation, et non rétroactivement à partir du moment où il a été rendu. Mais si le condamné a laissé écouler les délais sans user de son droit d'appel, les effets remontent au jour même du jugement dont il n'a pas été appelé. (*Fr.* 6, § 1, *D.* 3, 2.)

Dans deux cas cependant l'infamie à intervenir opérait dès avant la condamnation. Je reviendrai plus loin sur le premier de ces cas, qui concerne le prévenu qui se dérobe aux recherches de la justice (n° 104, *E.* 2°). La seconde exception résulte des effets que produit à l'égard des prévenus la seule accusation de crime. Une pareille accusation empêchait par elle seule, et avant toute condamnation, la personne qu'elle frappait, d'aspirer aux honneurs, à moins qu'il ne s'écoulât plus d'une année depuis l'époque de la délation, sans que pendant ce délai l'instruction eût relevé des charges contre l'accusé (*Fr.* 17, § 12, *D.* 50, 13; *Fr.* 7, pr. *D.* 50, 4; *C. un. C.* 10, 58). Ajoutons que l'individu sur lequel pesait une accusation de crime capital devenait de ce moment incapable de faire partie de l'armée. (*Fr.* 4, § 5, *D.* 49, 16.)

SECTION II.

Cas dans lesquels l'infamie existe de plein droit, indépendamment de tout jugement de condamnation.

(*Infamia immediata.*)

66. Dans la série des causes d'infamie que nous allons examiner, ce n'est plus, comme dans les cas qui ont été indiqués dans la précédente section, d'un jugement que dépend la note d'infamie: elle est attachée ici à tel acte, à tel fait, à tel métier déterminés par l'édit ou par la loi, de sorte qu'il suffit pour en être atteint d'avoir commis un pareil acte, d'avoir accompli un tel fait, d'exercer un semblable métier. — L'existence de l'infamie *en dehors de l'intervention du juge*, telle est donc la différence caractéristique qui distingue les cas d'infamie dont il va être question, de ceux qui ont été énumérés dans la première section de ce chapitre. — De là cette conséquence que, dans le premier cas, l'infamie pouvait produire des effets rétroactifs, si par exemple le fait qui l'avait fait naître n'était devenu notoire que postérieurement à son accomplissement, — tandis que dans le second cas, elle n'avait d'effet que du jour où le jugement était devenu définitif. (N° 65.)

67. Quelquefois cependant, dans des cas d'infamie établis postérieurement par le Droit civil, à l'époque où l'institution prétorienne se modifiait, la loi exigeait un jugement, ayant pour objet, non pas de prononcer l'infamie, mais simplement de constater que le fait de nature à entraîner l'infamie existait réellement. Cette circonstance, on le voit, ne changeait rien à ce qui vient d'être dit sur le moment où naissait l'infamie: celle-ci ne produisait pas moins des effets rétroactifs à dater du jour où le fait infamant avait été con-

sommé. — D'ailleurs, je le repète, ce ne fut que dans des cas d'infamie immédiate établis, non par le préteur, mais par la loi, qu'un jugement constatant le fait était requis; en général, il suffisait que le fait auquel la note d'infamie était attachée fût devenu notoire.

J'examinerai dans deux divisions distinctes quels étaient les faits que le préteur avait déclarés infamants par eux-mêmes (*notatur qui fecerit...*) en suivant l'ordre dans lequel les énumère l'édit (*Fr.* 1, *D.* 3, 2), puis ceux qui furent successivement rangés dans cette classe par les empereurs, en observant autant que possible dans cette seconde division l'ordre chronologique.

PREMIÈRE DIVISION.

Des cas d'infamie immédiate établis par l'édit du préteur.

§ 1. Soldat expulsé de l'armée.

68. «*Infamia notatur qui ab exercitu ignominiæ causa ab imperatore eove cui de re statuendi potestas fuerit, dimissus est.*» (*Fr.* 1, *D.* 3, 2.)

Une question se présente tout d'abord. Les auteurs ne s'accordent pas sur la place à assigner dans notre division à l'infamie qui résulte, pour le militaire, du congé ignominieux. Y a-t-il infamie *immédiate?* Non, pas absolument, car le préteur n'a pas attaché l'infamie à un fait déterminé que le soldat aurait commis, mais au congé infligé à l'auteur d'un fait de ce genre. — La note d'infamie dépend donc ici du congé: sans expulsion, pas d'infamie. — Cette considération a conduit quelques auteurs à voir ici un cas d'infamie *médiate,* c'est-à-dire du genre de ceux dont il a été parlé dans la première section de ce chapitre (Voy. LAUTERB. *ad Pand.* 3, 2, n° XIII). Cette opinion n'est guère admissible, car on ne saurait assimiler à un jugement, remplissant les conditions requises en pareille circonstance (nos 59 à 65), le congé décerné par un général d'armée. — Il me paraît plus exact et plus conforme aux termes mêmes de l'édit de faire du cas qui nous occupe une classe distincte, dans laquelle l'infamie résulterait, non pas d'un jugement, moins encore de la seule commission d'un fait, mais bien de l'*application de la peine*, dont l'infamie n'est alors que la conséquence. Cette peine c'est la dégradation militaire, qui n'est autre que le congé ignominieux et qui prend diverses formes que j'indiquerai tantôt. — Il résulte de là que l'infamie n'existera qu'après le congé prononcé, et que ses effets ne réagiront pas au jour de la commission du fait qui aura entraîné la dégradation.

69. Il faut se garder de confondre le congé ignominieux, qui seul entraînait l'infamie, avec d'autres peines militaires, d'une nature moins grave, et qui n'avaient pour effet que de *mal noter*, mais non de *noter d'infamie* dans le sens propre de ce mot. Je citerai plus particulièrement le retrait du grade (*gradus dejectio*) et le changement de classe (*militiæ mutatio*). Ces deux peines, qui, à bien dire, n'en faisaient qu'une, la première étant pour le simple soldat ce qu'était la seconde pour le militaire investi d'un grade quelconque, représentaient fort exactement dans la hiérarchie militaire ce qu'était la note du censeur dans la vie civile : le rejet d'une des classes supérieures de l'armée dans une des classes inférieures. Les deux institutions étaient fondées sur la division du peuple telle que l'avait établie Servius Tullius. La dernière des six classes entre lesquelles les citoyens étaient répartis ne faisait pas partie de l'armée. La *militiæ mutatio* ne pouvait donc être infamante que pour les soldats compris dans la 5e classe ; elle n'était alors autre chose qu'une exclusion absolue de l'armée.

70. Le congé ignominieux (*missio ignominiosa*) pouvait

prendre diverses formes qui n'influaient d'ailleurs aucunement sur l'effet infamant du congé lui-même. Ainsi, l'on avait tantôt recours à l'*exauctoratio* ou retrait des armes et des insignes du grade, plus spécialement du ceinturon et du baudrier. Tantôt on déliait le soldat du serment (*sacramentum*) qu'il avait prêté en entrant dans les rangs de la milice. La simple appellation du nom de *quirites*, — nous dirions *bourgeois* ou *péquins*, — équivalait à la fois à une *exauctoratio* et à une *sacramenti solutio*, car c'était déclarer les soldats auxquels elle était appliquée par le chef d'armée, indignes de combattre et leur donner l'ordre de rendre leurs armes : les licencier, en un mot. Enfin, le plus ordinairement, le congé ignominieux était décerné par le renvoi du militaire hors des limites du campement; mais pour que dans ce cas il n'y eût pas de doute sur la nature du congé, et qu'il ne fût pas confondu avec le congé de libération (*missio honesta*) ou de réforme (*missio causaria*), le chef qui le prononçait devait exprimer le motif du renvoi, sans qu'il fût cependant besoin d'employer la formule « *ignominiæ causa dimissus.* » (*Arg. Fr.* 2, § 2, *D.* 3, 2, cbn. même § et *Fr.* 13, § 3, *in fin. D.* 49, 16; cpr. *Fr.* 2, *pr. in fine*, *D.* 3, 2.)

71. La *missio ignominiosa* pouvait être prononcée par le chef des troupes, ou par celui auquel il avait délégué ses pouvoirs, contre tout militaire, quel que fût son grade, qui était placé sous ses ordres. (*Fr.* 1 et 2, § 1, *D.* 3, 2.) La détermination des causes qui entraînaient un pareil congé était abandonnée à l'arbitre du commandant de l'armée, et l'on ne peut considérer que comme des exemples les cas énoncés au Digeste, au titre *De re militari* (49, 16), tels que la mutilation volontaire, la tentative de suicide, tous actes de trahison, que ce soit par délation du mot d'ordre à l'ennemi ou autrement. (V. un cas tout spécial, établi par Justinien, *C.* 35. *C.* 4, 65.)

72. Remarquons que si le congé ignominieux était prononcé pour des délits qui d'après le Droit civil entraînaient l'infamie, p. ex. pour le crime d'adultère (*Fr.* 2, § 3, *D.* 3, 2; cpr. *Fr.* 11, *pr.* *D.* 48, 5.), le soldat qui le subissait se trouvait dans une condition plus défavorable que s'il avait été noté d'infamie comme simple citoyen : car des incapacités spéciales étaient attachées au congé ignominieux. Ainsi, le soldat expulsé de l'armée ne pouvait plus à l'avenir résider à Rome, ni dans aucun lieu où se trouvait l'empereur, et moins encore faire partie de la suite du prince. Cette interdiction de résider à Rome le rendait incapable d'y être chargé d'une tutelle. (*Fr.* 2, § 4, *D.* 3, 2; *Fr.* 13, § 3, *D.* 49, 16; *Fr.* 8, § 9, *D.* 27, 1; V. encore *Fr.* 4, § 6, *D.* 49, 16; *Fr.* 26, *D.* 29, 1.)

§ 2. Comédiens, gladiateurs.

73. La note d'infamie frappait de plein droit et par le seul fait de leur profession tous individus majeurs (*C.* 21, *C.* 2, 12) qui paraissaient comme acteurs dans les jeux et les spectacles publics : « *qui artis ludicræ pronunciandive causa in scenam prodierit.* » (*Fr.* 1, *D.* 3. 2.) Toutefois Ulpien, dans son commentaire sur l'Édit, nous a conservé le souvenir des dissidences qui séparaient sur ce point les Proculéiens et les Sabiniens. Pégasus et Nerva appliquaient la disposition de l'édit dans toute sa rigueur : d'après eux, l'infamie frappait tous ceux « *qui* quæstus causa *in certamina descendunt, et omnes* propter præmium *in scenam prodeuntes.* » (*Fr.* 2, § 5, *in fine* *D.* 3, 2.) Les Sabiniens, au contraire, — et leur opinion paraît avoir prévalu, — ne soumettaient pas à la tache de l'infamie certaines classes d'individus qui combattaient plutôt pour l'honneur que pour l'argent, tels que les athlètes, qui ne se présentaient dans le cirque que pour y disputer le prix du courage et de l'agilité (*Fr.* 4, *pr.* *D.* 3, 2). Cette opinion

concorde avec une constitution de Dioclétien et Maximien (*C. un. C.* 10, 54) en vertu de laquelle les athlètes qui justifiaient avoir été trois fois couronnés dans les jeux sacrés, étaient admis à remplir les charges civiles.

ULPIEN ajoute, dans le fragment que je viens de citer, qu'il parût également utile de ne pas ranger au nombre des infâmes diverses catégories de personnes qui remplissaient certaines fonctions dans les jeux sacrés ou dans les théâtres. Il cite notamment les choristes et les musiciens de l'orchestre (*thymelici*, par opposition à *scenici*), les individus qui s'exerçaient sous les portiques à la profession d'athlètes (*xystici*), les conducteurs aux courses de chars (*agitatores*), ceux chargés de prendre soin des chevaux après les courses (*qui aquam equis spargunt*). La note d'infamie n'atteignait non plus, nous dit ULPIEN (*Fr.* 4, § 1, *D. ib.*), les présidents des jeux publics (*designatores*, βραβευταί), dont les fonctions consistaient à organiser les jeux, à les présider, à proclamer les vainqueurs et à leur décerner les prix. Ils n'exerçaient pas « *artem ludicram sed ministerium,* » une charge publique qui leur était concédée par suite d'un privilége spécial du prince. Tels étaient également les *agonothetæ* et les *mastigophori.* (*Fr.* 18, § 17, *D. de muner.* 50, 4.)

74. Il résulte de ce qui précède que la note d'infamie n'était encourue que par ceux qui faisaient métier de se donner en spectacle *à prix d'argent* (*Fr.* 2, § 5, *in fine*; *Fr.* 3, § 2, *D.* 3, 2 *et Arg. Fr.* 1, § 6, *D.* 3, 1, V[is] *Quod si depugnaverit*). Peu importait d'ailleurs que ce fût à Rome ou dans tout autre lieu (*Fr.* 2, § 5, *D. ib.*). Mais il ne suffisait pas qu'on eût été payé pour monter en scène sans cependant y paraître; il fallait qu'on se fût réellement donné en spectacle pour que l'infamie fût encourue (*Fr.* 3, *D.* 3, 2.)

75. On a vu plus haut (n° 8) que les gladiateurs qui combattaient les bêtes féroces dans l'arène rentraient dans la

classe des *turpitudine notabiles* (*Fr.* 1, § 6, *D.* 3, 1), c'est-à-dire qu'ils se trouvaient placés par le préteur dans une situation plus défavorable que les infâmes proprement dits : tandis que ces derniers conservaient le droit de postuler pour certaines personnes déterminées par le préteur, les premiers ne pouvaient agir en justice que pour eux-mêmes. (*Fr.* 1, § 6, cbn. § 8, *D.* 3, 1.)

§ 3. « Lenones ».

76. L'infamie résulte en troisième lieu, aux termes de l'édit, du fait d'exercer le métier de proxénète, d'exploitant d'une maison de prostitution, ou de trafiquant de femmes esclaves en vue de la prostitution. Toutes ces significations sont comprises dans l'expression latine que nous trouvons dans l'édit : « *qui lenocinium fecerit* » (*Fr.* 1, cpr. *Fr.* 4, § 2, *D.* 3, 2). Les faits de ce genre étaient d'autant plus notoires que ces individus se trouvaient, dans l'exercice de leurs métiers, sous la surveillance des édiles, sans l'autorisation desquels de pareils établissements ne pouvaient exister, ni de pareilles entreprises être exécutées.

77. Le *lenocinium* dont il est ici question ne doit pas être confondu avec le fait auquel on a appliqué ce mot par assimilation, et dont il a été parlé plus haut (n° 33, 7°) : tandis que l'infamie intervient ici de plein droit et par le fait seul, elle n'était encourue par le mari qui prostituait sa femme qu'après condamnation *in judicio publico*.

78. Peu importait pour le présent cas que l'on exerçât la prostitution comme industrie principale, ou (ce qui paraît avoir été fort commun) accessoirement, en s'abritant derrière la profession d'hôtelier, d'aubergiste ou d'exploitant d'une maison de bains (*Fr.* 4, § 2, *D.* 3, 2). Peu importait aussi qu'on se livrât à un pareil métier pour le compte d'au-

trui ou au sien propre (*Fr.* 43, § 8, *D.* 23, 2). On décidait même que l'infamie atteignait l'affranchi qui, comme esclave, aurait fait un pareil métier (*Fr.* 4, § 3, *D.* 3, 2). — Mais ceci ne s'appliquait pas aux femmes affranchies : « *Imperator Severus rescripsit non obfuisse mulieris famæ quæstum ejus in servitute factum.* » (*Fr.* 24, *D.* 3, 2.)

79. Cette dernière disposition me conduit à examiner la question de savoir si les *lenæ* étaient notées d'infamie. — On soutient ordinairement l'affirmative par argument *a contrario* du texte que je viens de transcrire. Mais il suffit de se rappeler le but que se proposait le préteur en créant la classe des infâmes pour être convaincu que la note d'infamie ne pouvait être d'aucune application aux femmes, déjà écartées de la postulation d'une manière générale, à raison de leur sexe. (*Fr.* 1, § 5, *D.* 3, 1.)

Les seuls textes qui parlent clairement de l'infamie des *lenæ* et des prostituées se rapportent aux lois Papiennes (*Fr.* 43, *D.* 23, 2; Ulp., Regl. XIII). Ce ne fut que par suite des règles sur le *connubium* et des incapacités établies par ces lois que l'infamie fut étendue aux femmes de mauvaise vie : encore n'était-ce pas la note d'infamie dans le sens propre attaché à cette expression, mais une réprobation d'un genre particulier établie par ces lois et n'ayant d'autre effet à l'origine que d'empêcher le mariage des ingénus avec de pareilles femmes. J'aurai l'occasion de revenir plus longuement sur ce point. (N° 127 et suivants.)

§ 4. Sodomites.

80. Les sodomites ou pédérastes étaient rangés par le préteur au nombre des *turpitudine notabiles*, et se trouvaient ainsi placés plus bas encore que les *infames* prétoriens. Ulpien en fait mention en ces termes au Fr. 1, § 6, D. *de postulando* 3, 1 : « *Removet* (*prætor*) *a postulando pro aliis et*

eum qui corpore suo muliebria passus est.» Et le jurisconsulte ajoute : *«Si quis tamen vi prædonum vel hostium stupratus est, non debet notari, ut et Pomponius ait.»*

Ce genre de débauche était réprimé sous la République par la loi Scatinia ou Scantinia, dont la sanction était une amende de 10,000 sesterces, et sur laquelle nous n'avons d'ailleurs que des données fort vagues. Il suffit de parcourir les auteurs satiriques pour voir combien cette débauche prit d'extension sous l'Empire. Constantin, pour y couper court, adressa au peuple une constitution, dont je me bornerai à transcrire les termes énergiques : *«Cum vir nubit, in fæminam viris porrecturam, quid cupietur ubi sexus perdidit locum? ubi scelus est id, quod non proficit scire? ubi Venus mutatur in alteram formam? ubi amor quæritur, nec videtur? Jubemus insurgere leges, armari jura gladio ultore, ut exquisitis pœnis subdantur infames qui sunt vel qui futuri sunt rei.»* (*C.* 31, *C.* 9, 9. — Voy. aussi les *Novelles* 77, ch. 1 et 141.)

§ 5. Mariage avant l'expiration du deuil.

81. Le cas d'infamie dont l'examen fait l'objet de ce paragraphe est la partie de notre sujet qui présente le plus d'obscurité et qui soulève les plus nombreuses difficultés. — Voici comment s'exprimait l'édit, d'après le fragment du jurisconsulte Julien, inséré au Digeste en tête du titre *De his qui notantur infamia* (3, 2) :

«Infamia notatur... QUI *eam quæ in potestate ejus esset, genero mortuo, cum eum mortuum esse sciret, intrà id tempus quo elugere virum moris est, antequàm virum elugeret, in matrimonium collocaverit, — eamve sciens* QUIS *uxorem duxerit, non jussu ejus in cujus potestate esset, — et* QUI *eum quem in potestate haberet eam de qua supra comprehensum est uxorem ducere passus fuerit.»*

On ne s'étonnera pas de ne pas trouver mention dans ce texte de l'infamie qui frappait en pareil cas la veuve elle-même. Par des motifs tirés du but originaire de l'institution, et sur lesquels j'ai déjà eu l'occasion d'insister à diverses reprises, la note d'infamie prétorienne n'atteignait pas les femmes; ce ne fut que quand l'institution primitive se fut étendue et modifiée, qu'elle put leur être et leur fut également appliquée; ce ne fut qu'à partir de cette époque que cette note frappa la veuve remariée avant l'expiration du deuil de son premier mari.

82. Pour jeter un peu de jour sur les points obscurs que présente cette question, il faut essayer de la suivre dans les modifications qu'elle a subies aux diverses époques de la législation.

Numa déjà, à en croire PLUTARQUE, avait imposé aux citoyens l'obligation de porter le deuil de leurs parents. Voici comment s'exprime le biographe: «Il régla aussi la durée du deuil suivant l'âge des personnes pour qui on le portait. Il le défendit pour un enfant au-dessous de trois ans; depuis cet âge jusqu'à celui de dix, il le fixa à autant de mois qu'on aurait vécu d'années; mais le plus long deuil était de dix mois: on ne le portait pour personne au delà de ce terme, à quelque âge que l'on fût mort: c'est le temps que les veuves le portent pour leurs maris. Il avait ordonné que la femme qui se remarierait avant ce terme sacrifierait une vache pleine.» (*Vie de Numa*, trad. RICARD, ch. XV, *in fine.*)

Ceci est parfaitement d'accord avec le passage suivant qui se lit dans les Fragments du Vatican, et qui a été probablement emprunté à ULPIEN: *Lugendi autem sunt parentes anno, item liberi majores X annorum æque anno. Quem annum decem mensuum esse* POMPONIUS *ait; nec leve argumentum est annum X mensuum esse, cum minores liberi tot mensibus elugeantur quot annorum decesserint, usque ad trimatum: minor trimo non lugetur sed sublugetur; minor anniculo neque lugetur, neque sublugetur.»* (*Fr. Vat.* § 321, *in fine.*)

83. Cependant Paul indique d'autres délais: «*Parentes et filii majores sex annis anno lugeri possunt; minores, mense; maritus decem mensibus, et cognati proximioris gradus, octo....»* (*Sent. recept.* I, 21, § 13). Mais l'authenticité de ce texte, restitué par Cujas d'après le *Codex Vesontinus*, est contestée. Quoi qu'il en soit, il résulte de ces différents passages que le fait de porter le deuil n'était pas considéré comme un simple devoir de piété, mais comme une obligation imposée par la loi. Quelle était la sanction de cette obligation? Probablement la réprobation publique, confirmée par une *animadversio censoria* qui, lors de la transformation qu'éprouva l'institution prétorienne, se confondit avec l'infamie. Cela semble résulter du texte de Paul que j'ai cité plus haut, et qui continue ainsi: «*Qui contra fecerit,* INFAMIUM NUMERO *habetur.*» Cependant cette assertion paraît être en contradiction formelle avec ce que dit Ulpien: «*Parentes et liberi utriusque sexus nec non et cæteri agnati vel cognati secundum pietatis rationem vel animi sui patientiam,* PROUT QUISQUE VOLUERIT, *lugendi sunt. Qui autem eos non eluxit,* NON *notatur infamia.*» (*Fr.* 23, *D.* 3, 2.)

84. Il paraît au premier abord fort difficile de concilier ces deux textes. On ne saurait admettre, sur une question aussi importante, une simple différence d'opinion entre Paul et Ulpien, qui vivaient à la même époque. Pour tourner la difficulté, on a voulu voir une interpolation dans les mots que j'ai soulignés au passage emprunté à Ulpien. Mais ce moyen, fort commode sans doute, de se tirer d'embarras, ne repose que sur une supposition toute gratuite, car tous les manuscrits des Pandectes donnent la leçon que j'ai transcrite.

85. A mon sens, toute apparence d'antinomie disparaît, et le texte d'ULPIEN trouve une explication fort naturelle, si l'on observe la terminologie adoptée ici par les jurisconsultes. Il résulte évidemment de l'examen et de la comparaison des textes que les mots *lugere* et *elugere* ne doivent pas être considérés comme synonymes. La différence de signification attachée à chacun de ces mots est frappante surtout au § 1 du *Fr.* 11 de notre titre (3, 2), dans lequel ULPIEN s'exprime ainsi : « *Et si talis sit maritus quem more majorum* LUGERE *non oportet*, NON *posse eam nuptum intra legitimum tempus collocari : prætor* ENIM *ad id tempus se retulit quo vir* ELUGERETUR, QUI SOLET **elugeri** PROPTER TURBATIONEM SANGUINIS. » L'opposition est ici évidente, et le jurisconsulte détermine clairement par les derniers mots de la phrase le sens spécial du mot *elugere*. La même opposition se remarque encore au § 3 du même fragment, car sans la différence que j'indique, le mot *ergo*, qui se trouve dans la dernière phrase de ce paragraphe, ne s'expliquerait pas. Donc, *lugere* était le mot propre pour dire porter le deuil, *lugubria sumere* (*Fr.* 8, *in f.*, *D.* 3, 2); c'est-à-dire s'abstenir des festins, des bijoux, de la pourpre et des vêtements de couleur claire (PAUL, *Sent.* I, 21, § 14). Au contraire, *elugere* indique, ULPIEN nous le dit clairement, l'obligation pour la femme de rester veuve pendant le temps déterminé pour empêcher la *turbatio sanguinis*. Enfin, le mot *sublugere*, que nous trouvons à la fin du § 321 des Fragments du Vatican, ne paraît exprimer que l'action physique de verser des larmes, de sorte que ce texte, reproduit ci-dessus, devrait être entendu ainsi : On pleure la mort des enfants de moins de trois ans, mais on n'en porte pas le deuil ; on ne porte pas le deuil de ceux âgés de moins d'un an ; on ne les pleure même pas.

86. Il y a donc entre *lugere* et *elugere* cette différence,

que le premier de ces mots signifie *être en deuil, porter des habits de deuil*, et le second, *s'abstenir d'un acte* (le mariage) *pendant la durée légale du deuil.* ULPIEN, en employant, au *Fr.* 23 de notre titre, ce dernier mot, en parlant des personnes mâles, raisonne ainsi : Le motif (la crainte de la *turbatio sanguinis*) qui a fait contraindre la femme d'*elugere* son mari défunt, n'existe pas pour ces personnes : donc elles n'encourent pas la note d'infamie si elles *se marient* pendant qu'elles sont en deuil. Ce texte est donc conçu à un point de vue tout différent de celui auquel s'était placé PAUL, aux §§ 13 et 14 de ses Sentences, I, 21, où il n'est question que de l'obligation de porter le deuil (*lugere*).

87. Cependant les textes que nous discutons présentent une autre difficulté, qui résulte des termes facultatifs *possunt* (§ 13, *Sent.* I, 21) et *prout quisque voluerit* (*Fr.* 23, *D.* 3, 2), qu'ont employés ULPIEN et PAUL. Ceci peut s'expliquer peut-être par cette circonstance que les hommes n'étaient pas astreints à porter le deuil pendant une durée de temps légalement déterminée. Le jurisconsulte auquel les Fragments du Vatican ont emprunté leur § 321 semble le dire dans les mots suivants : *Hic omnes parentes accipe utriusque sexus: nam lugendi eos* MULIERIBUS *moris est,* QUAMQUAM PAPINIANUS, *libro II Quæstionum,* ETIAM A LIBERIS VIRILIS SEXUS *lugendos esse dicat,* QUOD NESCIO UBI LEGERIT. *Sed quatenus extendatur parentum appellatio non est definitum apud quemquam: itaque erunt lugendi etiam ex femino sexu parentes....* » Suit le passage reproduit au n° 82 *supra*, sur la durée du deuil déterminée d'après le degré de parenté. Par une singulière coïncidence, le *Digeste* nous a conservé le fragment de PAPINIEN, auquel le texte ci-dessus fait allusion : *Papinianus, libro II Quæstionum:* « *Exheredatum quoque filium luctum habere patris memoriæ placuit, idemque et*

in matre juris est, cujus hereditas ad filium non pertinet.» (*Fr.* 25, *pr. D.* 3, 2.)

88. Il semble ressortir des contradictions mêmes de ces textes, émanés des trois principaux jurisconsultes de l'époque classique, que si l'obligation de porter le deuil s'appliquait également encore aux hommes, ceux-ci n'étaient cependant pas astreints à observer les délais qui, d'après Plutarque, avaient déjà été déterminés par Numa; il suffisait que chacun portât le deuil *prout voluerit.* Mais ce n'était pas dire cependant qu'on était libre d'en abréger, par exemple, la durée d'une façon dérisoire: on était tenu d'observer la coutume et les convenances, *sous peine d'infamie,* nous dit Paul. (*Sent.*, *loc. cit.*) Ulpien n'est pas si précis ni si formel au *Fr.* 23 de notre titre, mais la même conséquence paraît devoir être tirée de ce texte, si l'on se rappelle la différence de signification des mots *lugere* et *elugere.* — Le doute que l'on a élevé sur l'authenticité du passage des Sentences de Paul, le *nescio ubi legerit* des Fragments du Vatican, les termes vagues qu'emploient Ulpien et Papinien, permettent cependant d'hésiter sur l'exactitude de cette solution, qui n'est plus d'ailleurs d'aucune importance à l'époque de Justinien, car l'obligation de porter le deuil n'était plus alors qu'un devoir de piété, dépourvu de sanction légale.

89. Il est certain, au contraire, que jusque sous le règne de Gordien, les femmes furent tenues à la fois de *lugere* et *elugere* pendant les délais légalement déterminés, non pas seulement leurs maris, mais aussi *omnes parentes utriusque sexus, liberosve suos* (*Arg. Fr. Vat.* § 320 et 321, cbn. *C.* 15, *C.* 2, 12), et que ce ne fut que par un sénatus-consulte, rendu probablement sous le règne d'Alexandre-Sévère, qu'elles ne furent plus obligées, au risque de l'infamie, de porter des habits de deuil. — A partir de ce moment la note d'infamie n'intervenait plus que dans le cas de célébration

d'un nouveau mariage avant l'expiration du délai pendant lequel la veuve devait *elugere* son mari défunt. L'obligation de *lugere* n'eut dès lors plus de sanction, ni pour les hommes, ni pour les femmes.

90. Pour aborder maintenant plus directement l'objet de ce paragraphe, comparons le texte de l'Édit, tel que nous le donne JULIANUS au § 1 de notre titre, avec celui que nous trouvons au § 320 des Fragments du Vatican. Afin de mieux faire ressortir les passages dans lesquels ils diffèrent, je placerai ces deux textes en regard :

Texte de l'Édit

d'après le *Fr.* 1, *D.* 3, 2.	d'après le § 320 des *Vaticana fragmenta*.
« *Qui eam quæ in potestate ejus esset, genero mortuo, cum eum mortuum esse sciret, intra id tempus quo elugere virum moris est, antequam virum elugeret,*	« *Et qui eam quam in potestate habet, genero mortuo, cum eum mortuum esse sciret....*
in matrimonium collocaverit ; — eamve sciens quis uxorem duxerit non jussu ejus in cujus potestate est ; —	*in matrimonium collocaverit ; — eamve sciens uxorem duxerit ;*
et qui eum quem in potestate haberet, eam de qua supra comprehensum est, uxorem ducere passus fuerit. »	*et qui eum quem in potestate haberet, earum quam uxorem ducere passus fuerit,*
	quæ virum, parentem, liberosve suos, uti mos est, non duxerit ; quæ cum in parentis sui potestate non esset, viro mortuo, cum eum mortuum esse sciret, intra id tempus quo elugere virum moris est, nupserit. —

91. Sans m'arrêter aux différences de détail, j'appellerai l'attention sur la dernière partie du texte des Fragments du Vatican, laquelle ne se trouve pas dans la version donnée par le Digeste. Cela peut s'expliquer ainsi : La note d'infamie, telle que l'avait faite le préteur, ne pouvait être d'aucune appli-

cation aux femmes. Il en était encore ainsi lors de la rédaction de l'édit perpétuel, sous le règne d'Adrien, car à cette époque le travail de jurisprudence, qui se fit plus tard au sujet des lois Papiennes, n'était pas encore opéré. — Cependant, Numa déjà, d'après le passage de PLUTARQUE que j'ai cité, avait, sous une forme symbolique, attaché une sorte de réprobation au mariage d'une veuve avant l'expiration du deuil de son mari. Quand les lois Papiennes, dans le but d'empêcher la *turbatio sanguinis*, eurent établi des délais légaux de viduité, les femmes qui contrevenaient à ces dispositions furent assimilées aux *mulieres famosæ*. Pendant la période classique, on confondit insensiblement ces personnes avec les *infames* prétoriens qui, par la transformation de l'institution, avaient déjà absorbé ceux dont la note ne relevait autrefois que de la juridiction des censeurs. Or, le § 320 des Fragments du Vatican ne nous donne, croyons-nous, que le texte de l'édit tel qu'il fut modifié par cette œuvre d'assimilation des jurisconsultes : c'est à ce texte que fait allusion la constitution 15, *C.* 2, 12, en disant que la femme encourt l'infamie *en vertu de l'édit perpétuel*. C'est aussi là le *novissimum jus* dont parlent les *C.* 1, *C.* 5, 9 et *C.* 4, *C.* 6, 56. Cette dernière expression est exacte, la première ne l'est pas. Car l'édit perpétuel, tel que l'avait rédigé SALVIUS JULIANUS, ne parlait pas et ne pouvait parler de l'infamie des femmes, la note qui les frappait ne venant pas du préteur, mais des lois Papiennes.

92. Pour résumer cette trop longue discussion, voici quelle dut être avant Justinien la marche de la législation en cette matière :

1° Tant que l'institution de l'infamie resta exclusivement prétorienne, cette note ne frappait, à raison des faits dont il est ici question, que les personnes énumérées dans le passage de l'édit reproduit au n° 81 *supra*, c'est-à-dire les hommes qui se seraient rendus complices du mariage prématuré d'une veuve. Quant à ceux qui ne portaient pas le deuil de leurs parents, ils n'étaient, selon toute apparence, pas infâmes, dans le sens originaire de ce mot, mais souffraient d'une réprobation publique, qui fut assimilée à l'infamie par les jurisconsultes classiques.

2° Les lois Papiennes, rendues sous Auguste, introduisirent, pour les femmes, une *infamie spéciale*, sur laquelle je reviendrai plus loin, et qui atteignait également les veuves qui ne s'étaient pas conformées aux prescriptions relatives aux secondes noces.

3° Les jurisconsultes classiques, refondant toute notre matière d'après les modifications qu'elle avait successivement éprouvées, soit avant eux, soit par eux, rangèrent, pour les cas qui se rapportent à la présente question, parmi les personnes infâmes :

a) Celles déclarées telles par le texte de l'édit. (*Fr. Vat.*, § 320.)

b) La femme veuve qui contrevenait aux dispositions des lois Papiennes. (*Ib. in fine;* Ulp. *Fr.* 11, *D.* 3, 2.)

c) Les parents, en général, qui ne s'étaient pas soumis à l'obligation de porter le deuil (Paul, *Sent.* I, 21, § 13; *Arg.* Ulp. *Fr.* 23, et Papinien *Fr.* 25, *D.* 3, 2, cpr. *Fr.* 9, *ibid.*). Cependant, d'après le § 321 des Fragments du Vatican, cette obligation ne paraît plus avoir été imposée à cette époque qu'aux femmes. En tous cas, le deuil n'était pas pour les hommes un obstacle au mariage. (*Fr.* 23, *in fine*, *D.* 3, 2.)

4° La législation que je viens d'esquisser ne subsista que jusqu'à la fin du règne d'Alexandre-Sévère, à moins qu'il ne faille voir dans la *C.* 15, *C.* 2, 12, qu'une disposition exceptionnelle et de faveur. Quoi qu'il en soit, il est certain que sous le règne de Justinien, l'obligation de porter le deuil des parents n'était plus qu'un devoir de piété, dépourvu de sanction pénale, et c'est dans ce sens qu'il faut entendre à cette époque les dispositions des *Fr.* 23 et 25, *D.* 3, 2, et du *Fr.* 17, *D.* 23, 1.

93. Lors de la rédaction des Pandectes et du Code, l'infamie ne résultait donc plus, au point de vue qui nous occupe, que de la célébration d'un nouveau mariage pendant la durée du deuil, et le motif en était la crainte de la *turbatio sanguinis.* Cela résulte clairement, et des termes de l'édit tel qu'il nous est rapporté par le *Fr.* 1, *D.* 3, 2, et des *C.* 15, *C.* 2, 12; *C.* 1, 2, *C.* 5, 9; *C.* 4, *C.* 6, 56. Cela ressort encore d'autres textes conservés au Digeste. Ainsi d'une part, l'obligation de rester en état de viduité (*elugere*) subsistait pour la veuve lors même que son mari défunt se trouvait dans la classe des personnes dont on ne portait pas le deuil (*lugere*), tels que les soldats passés à l'ennemi, les individus condamnés pour crime de haute trahison, les personnes qui s'étaient pendues, et en général celles qui s'étaient donné la mort, non par dégoût de la vie, mais poussées par une mauvaise conscience (*Fr.* 11, § 1 et 3, *D.* 3, 2; cpr. *Fr.* 35, *D.* 11, 7; *Fr.* 4, *D.* 48, 21). D'autre part au contraire, l'accouchement de la femme pendant qu'elle est en deuil de son mari, la délie de l'obligation de poursuivre son veuvage: elle peut se remarier immédiatement (*Fr.* 11, § 2, *D.* 3, 2). Dans toute autre circonstance ce n'était que par une faveur spéciale du prince que la veuve pouvait être autorisée à se remarier avant l'expiration du délai légal (*Fr.* 10, *pr. D.* 3, 2; *C.* 1, *C.* 5, 9), qui avait été porté à douze mois par la *C.* 2, *C.* 5, 9, rendue en 381, sous les empereurs Gratien, Valentinien II et Théodose. Mais rien n'empêchait la femme de se fiancer pendant le cours de son deuil (*Fr.* 10, § 1, *D.* 3, 2), car la *turbatio sanguinis* n'était pas à craindre par suite de ce fait.

94. Outre la veuve, la note d'infamie frappait, à raison du

mariage contracté par celle-ci avant l'expiration de son deuil, la personne sous la puissance de laquelle elle se trouvait, et qui l'avait donnée en mariage pendant le cours du délai légal de viduité; et celui qui aurait épousé, ou qui aurait permis au fils sous sa puissance d'épouser cette veuve, pendant qu'elle était encore en deuil de son premier mari (*Fr.* 1, *D.* 3, 2). Mais il faut apporter quelques restrictions à la généralité de ces termes. Ces personnes n'étaient notées d'infamie que si elles avaient agi sciemment. A ce sujet, le passage de l'édit est quelque peu obscur, et demande à être bien compris. Il y est dit : « *Qui eam... genero mortuo, cum eum mortuum esse sciret*, INTRA ID TEMPUS QUO ELUGERE VIRUM MORIS EST, ANTEQUAM VIRUM ELUGERET, *in matrimonium collocaverit.* » A première vue, l'on est tenté de traduire cette phrase de la manière suivante: « Celui qui, connaissant la mort de son gendre, aura donné sa fille en mariage, pendant le temps qu'il est d'usage de pleurer le mari, et avant qu'elle ne l'ait fait. » Mais une pareille traduction est inadmissible, car elle conduit à dire que si le père avait marié sa fille *dans l'ignorance de la mort* de son gendre, il était excusable et échappait à l'infamie, alors cependant qu'en pareil cas il se rendait manifestement complice du fait de bigamie. On n'arrive pas à cette conséquence absurde, si l'on construit autrement la phrase, en ne reportant à *collocaverit* que les mots *antequam virum elugeret*, et en rattachant le membre de phrase *intra id... moris est*, à *cum eum... sciret*, de sorte que le sens du passage de l'édit serait alors celui-ci : « Le père ne devient infâme que si, ayant appris la mort de son gendre avant l'expiration de la durée légale du deuil, il a consenti au nouveau mariage avant que le temps prescrit fût écoulé. Il est au contraire excusable si son erreur porte sur l'époque de cette mort. »

Supposons que le gendre soit à l'armée et qu'on n'en ait

pas reçu de nouvelles. Au bout de dix-huit mois on apprend qu'il est mort dans le premier mois qui a suivi son départ. Mais ce renseignement était faux; la vérité est qu'il n'est mort que depuis trois mois. Si dans ce cas la veuve s'était remariée immédiatement après la réception des premières nouvelles, ni son père ni elle n'étaient frappés d'infamie, car il y avait de leur part ignorance de fait. (SAVIGNY, *op. cit.*, t. II, Append. VII, n° X. — Voy. *Fr.* 8 et 11, § 4; *D.* 3, 2; — *C.* 15 *in fine*, *C.* 2, 12.)

95. Le fils de famille qui aurait épousé une veuve pendant la durée légale du deuil, échappe à l'infamie s'il n'a contracté le mariage que pour obéir à l'ordre de son père, et encore que devenu *sui juris*, il n'ait pas divorcé avec sa femme. Le chef de famille qui avait donné l'ordre, ou qui même s'était borné à ne pas s'opposer en pareil cas au mariage, était seul noté d'infamie (*Fr.* 1, 11, § 4, *Fr.* 12, 13 pr. *D.* 3, 2). Mais ici encore il fallait nécessairement, pour que l'infamie intervînt, que le père eût agi en connaissance de cause. S'il y avait ignorance de fait, si par exemple, n'apprenant que postérieurement à sa célébration, le mariage qu'avait contracté son fils avec une veuve en deuil de son précédent mari, il ratifiait une pareille union, l'infamie ne le frappait pas, car le mal que la loi voulait prévenir, la *turbatio sanguinis*, s'était accompli à l'insu du père, et dès lors il n'y avait pas de motif de lui infliger la peine (*Fr.* 13, *pr.* *D.* 3, 2). Mais bien entendu que dans cette hypothèse la note d'infamie atteignait le fils.

96. On aura remarqué qu'il ne s'agit dans ce qui précède que du cas où le premier mari serait décédé. Mais *quid*, si le précédent mariage a été dissous, non par la mort, mais par le divorce? Les textes qui sont relatifs à notre matière n'en parlent pas, et avec raison, car d'autres règles sont applicables dans ce cas. La peine n'est pas simplement la note

d'infamie, avec maintien du nouveau mariage (*Arg. Fr.* 12, 13, *D. h. t.*), mais la nullité absolue du mariage sans note d'infamie.

97. Il me reste, pour compléter l'examen de cette partie de mon sujet, à mentionner deux cas dans lesquels la note d'infamie frappait la femme veuve, d'après le droit nouveau.

En vertu du chapitre 2 de la Novelle 39 (15 des kal. de mai, 536), était notée d'infamie la femme veuve qui pendant l'année de deuil aurait eu des relations charnelles avec des hommes. C'est dans ce sens général que l'on doit, croyons-nous, entendre la disposition de cette Novelle, sans s'arrêter à la circonstance spéciale qui y a donné lieu, pour la restreindre, comme des auteurs le proposent, au seul cas où cette femme aurait, — je cite l'espèce qui a provoqué la décision de Justinien, — donné le jour à un enfant onze mois après le décès de son mari, c'est-à-dire à une époque où le deuil durait encore, et où la présomption *pater is est quem nuptiæ demonstrant* ne militait plus en faveur de la légitimité de l'enfant. La Novelle dont il est ici question repose, il est vrai, tout entière sur cette idée, mais un pareil fait ne dut être pour Justinien que la cause déterminante de la disposition. L'Empereur voulait réprimer un scandale; il le fait à l'occasion d'un événement qui rendait la faute indéniable; mais je ne crois pas que l'on doive aller jusqu'à dire que du moment que ce fait (la naissance d'un enfant plus de dix mois après la dissolution du mariage) n'existe pas, l'infamie ne frappe pas. Il résulte au contraire du contexte du chapitre que je discute, et dont le véritable sens est, il est vrai, un peu obscurci par l'emphase de l'expression, que Justinien voulait frapper d'infamie toutes les femmes qui, pendant la durée de leur deuil, violeraient par la légèreté de leur conduite l'obligation qui leur était imposée d'éviter tout commerce charnel, c'est-à-dire toute *turbatio sanguinis*.

Cela ressort jusqu'à l'évidence de ce passage de la Novelle (pr. du ch. 2) où l'empereur « rougit de l'impudeur de cette femme qui ose prétendre qu'elle n'a pas contrevenu aux termes de l'édit, parce que le concubinage ne saurait être considéré comme un second mariage. »

98. La deuxième extension apportée par JUSTINIEN à l'infamie qu'encouraient les veuves, résulte du chapitre 40 de la Novelle 22, rendue un mois avant celle dont il est question au numéro précédent (15 des kal. d'avril, 536). JUSTINIEN déclare infâme la mère tutrice de ses enfants, qui se serait remariée avant d'avoir rendu ses comptes et d'avoir provoqué la nomination d'un nouveau tuteur. La peine est ici fondée sur le parjure, car la mère s'engageait par serment, lors de son entrée dans la tutelle, à ne pas contracter un nouveau mariage avant d'avoir rendu compte et fait pourvoir à son remplacement. (Voy. *Nov.* 22, ch. 40.)

§ 6. Bigamie, doubles fiançailles.

99. L'édit mentionne en dernier lieu comme entraînant l'infamie immédiatement et sans jugement, le fait de contracter en même temps deux mariages ou deux fiançailles : « *Infamia notatur.... qui suo nomine, non jussu ejus in cujus potestate esset, ejusve nomine quem quamve in potestate haberet, bina sponsalia binasve nuptias in eodem tempore constitutas habuerit.* » (*Fr.* 1, *in fine*, *D.* 3, 2. Voy. *C.* 2, *C.* 5, 5.)

100. Je me bornerai ici à quelques courtes observations. Peu importe qu'il soit intervenu en même temps ou successivement (*Fr.* 13, § 2. *D.* 3, 2) deux mariages ou deux fiançailles, ou que pendant qu'on est engagé dans les liens d'un mariage on contracte des fiançailles avec une autre personne, et réciproquement (*Fr.* 13, § 3, *D.* 3, 2). — Peu importe aussi que le nouveau mariage soit légalement impossibl e

nul en soi, eu égard à la condition ou aux relations de parenté des personnes entre lesquelles il est projeté : on ne considère ici que le fait, et non les obstacles légaux qui pourraient s'opposer à l'accomplissement de ce fait. (*Fr* 13, § 4, *D.* 3, 2; *C.* 18, *C.* 9, 9; cpr. *Fr* 4, *D.* 25, 7; Paul, *Sent.* II, 20; *C.* 7, *C.* 1, 9; Nov. 18, ch. 5; Nov. 89, ch. 12, § 5.)

101. Nous retrouvons ici une exception déjà signalée au paragraphe précédent (n° 95). Si la bigamie ou les doubles fiançailles avaient été contractées par ordre ou sans opposition du chef de famille, l'infamie n'atteignait que ce dernier et épargnait le fils qui n'aurait agi que par obéissance ou avec l'encouragement tacite de la personne sous la puissance de laquelle il se trouvait. — Il en était à plus forte raison de même si le père de famille avait lui-même conclu le second mariage ou les secondes fiançailles au nom de l'enfant placé sous sa puissance. (*Fr.* 1, et 13, § 1, *D.* 3, 2.)

102. Il est superflu de faire remarquer que d'autres peines pouvaient venir s'ajouter à la note d'infamie en cas de bigamie. Tel serait le cas où un homme tomberait sous le coup de la loi Julia *de adulteriis* pour avoir contracté un second mariage en se faisant, pour y parvenir, faussement passer pour célibataire (*C.* 18, *C.* 9, 9; v. aussi *C.* 5, *C.* 5, 3). Mais dans une pareille hypothèse l'infamie ne résultait pas moins du seul fait de bigamie, et non du *judicium publicum* à intervenir : aussi cette note subsistait-elle malgré l'absolution de l'accusé. (Voy. encore n° 66).

DEUXIÈME DIVISION.

Des cas d'infamie immédiate établis postérieurement à la rédaction de l'Édit perpétuel.

103. Les cas d'infamie immédiate qu'il nous reste à in-

diquer ne nous arrêteront pas longtemps, bien qu'ils soient infiniment plus nombreux que ceux qui ont été examinés dans la précédente division. A l'époque où l'infamie fut appliquée aux cas dont je vais m'occuper, cette institution avait complétement perdu son caractère primitif, et l'incapacité de postuler, qui originairement avait été l'unique effet de l'infamie, n'en était plus maintenant qu'une des conséquences accessoires. Néanmoins, il n'est pas inutile de faire remarquer que, des cas d'infamie établis par les empereurs, les plus nombreux intervenaient en matière judiciaire, et que ce n'était qu'exceptionnellement que cette note résultait de faits d'une autre nature. J'examinerai séparément, et en suivant autant que possible l'ordre chronologique, les cas d'infamie qui dérivaient de l'une et de l'autre de ces sources : une simple mention suffira le plus souvent, car l'infamie n'a ordinairement ici d'autre base que le bon plaisir des empereurs.

§ 1. En matière judiciaire, ou à l'occasion d'instances en justice.

104. L'infamie frappait de plein droit, indépendamment de toute condamnation,

A. LE JUGE :

1° Qui, par faveur ou par corruption, rendait un jugement inique (*C.* 2, de Constantin, an 312. *C.* 7, 49). Remarquons cependant que la véritable leçon de cette constitution est indécise. Certaines éditions portent : ... *non solum* ÆSTIMATIONIS *dispendii... præbeatur* » (GODEFROY); d'autres au contraire lisent EXISTIMATIONIS (KRIEGEL). Le sens, on le voit, est tout différent. La première leçon me paraît plus conforme au contexte de la constitution, et ce serait à tort que l'on voudrait alors faire résulter l'infamie de cette disposition de Constantin. (Cpr. *C.* 7, *C.* 7, 64; *Fr.* 15 *in fine*, *D.* 5, 1.)

2° Qui, dans une cause dont est appel, n'aurait pas envoyé à l'empereur toutes les pièces du procès (*C.* 15, *C.* 7, 62 : Constantin, 319). L'infamie peut se justifier ici par un soupçon de suppression de pièces, c'est-à-dire de partialité du juge à l'égard de l'une des parties au procès.

3° Qui aurait toléré, de la part des gardiens des prisons, de mauvais traitements envers les détenus par mesure préventive, et qui n'aurait pas immédiatement puni les auteurs de pareils actes. (*C.* 1, § 1, *C.* 9, 4 : Constantin, 320.)

4° Qui, contrairement aux priviléges de son ordre, aurait, dans une affaire criminelle, soumis un décurion à la torture. (*C.* 33, *C.* 10, 31, de Gratien, Valentinien et Théodose, 381.)

5° Qui, dans le ressort de sa juridiction, aurait établi en qualité d'*intercessor* ou *executor*, tant pour les affaires publiques que pour les affaires privées, un *præfectianus*, un *palatinus*, un soldat, ou une personne qui aurait antérieurement rempli l'une ou l'autre de ces fonctions. (*C.* 8, *C.* 1, 40, de Valentinien, Théodose et Arcadius, 386.)

6° Qui n'aurait pas poursuivi, qui aurait absous, ou qui n'aurait pas puni avec toute la rigueur édictée par la loi, une personne convaincue d'un crime de violence. (*C.* 8, § 2, *C.* 9, 12, des mêmes, 390.)

B. L'avocat :

1° Qui dans le cours d'un procès se rend coupable d'injures. (*C.* 6, § 1, *C.* 2, 6, de Valentinien et Valens, 368).

2° Qui aurait stipulé un *pactum de quota litis*, d'après l'opinion de quelques auteurs. Cependant l'infamie n'est pas expressément prononcée en pareil cas par les textes. Le passage le plus catégorique est le § 5 de la C. 6, qui vient d'être citée, et où il est dit que les avocats de la ville de Rome « *qui lucro pecuniaque capiantur, veluti abjecti atque degeneres inter vilissimos numerabuntur* (voy. aussi, *C.* 5, *ibid*). — Il résulte clairement des termes employés par cette constitution qu'il y avait ici infamie de fait, mais non de droit. Ce n'était que si l'avocat s'était fait payer des honoraires supérieurs à 10,000 sesterces, que l'infamie de droit pouvait intervenir, mais à la suite seulement d'un procès de concussion, et non pas immédiatement et pour le seul fait d'avoir stipulé des honoraires trop élevés. (V. et cpr. *Fr.* 53, *D.* 2, 14; *Fr.* 1, § 10 à 13, *D.* 50, 13; Tacite, Ann. XI, ch. 5, 6, 7, et XIII, ch. 42.)

3° L'avocat du fisc qui assiste, dans un procès contre le fisc, une personne autre que l'un de ses enfants, de ses petits-enfants ou de ses affranchis. (*Fr. de jure fisci*, § 16; cpr. *Fr.* 10, pr. *D.* 3, 1.)

C. L'appelant :

1° Qui injurie le juge d'appel. (*Fr.* 42, *D.* 47, 10; Paul, *Sent.* V, 4, § 18.)

2° Qui succombe en appel. (*C.* 19, *C.* 7, 62, de Constantin, 331.)

3° Qui, au lieu d'user de la voie de l'appel qui lui est ouverte, adresse une supplique en grâce au souverain. (*C.* 3, *C.* 1, 21, du même, 331.)

D. En matière civile :

1° Le débiteur qui, au lieu de faire volontairement cession de biens à ses créanciers, obligeait ces derniers à les vendre en masse (*C.* 7 et 8, *C.* 7, 71, de Justinien, 531, cbn. *C.* 11, *C.* 2, 12, d'Al. Sévère, 223). On sait que ce fut principalement pour éviter à la mémoire du défunt la tache déshonorante qui résultait d'une pareille vente, qu'avait été imaginée l'institution des esclaves en qualité d'héritiers nécessaires (§ 1. *Inst.* 1, 6). Aussi en est-il question dans Gaius (II, § 154) à propos de cette classe d'héritiers : mais il semble ressortir des expressions employées dans ce paragraphe que c'était moins ici l'infamie proprement dite qu'une application de la note du censeur, *ignominia* et non *infamia*. — Ceci n'avait d'ailleurs plus d'importance à une époque où ces deux termes avaient perdu chacun leur sens propre, pour se confondre dans une même idée.

Déjà à l'époque de GAIUS on avait proposé d'épargner ce déshonneur au débiteur malheureux et de bonne foi, dont les biens auraient été vendus, non «*vitio suo*» mais «*necessitate juris*». Mais les Sabiniens ne partageaient pas cet avis. (GAIUS, *loc. cit.*)

Néanmoins, la loi Julia *decessione bonorum* vint au secours d'un pareil débiteur, en lui permettant d'échapper à la tache qui le menaçait, par le moyen de la cession de biens (*C.* 11, *C.* 2, 12; *C.* 8, *C.* 7, 71). Il résulte évidemment de là que la cession de biens n'avait par elle-même rien d'infamant, et c'est à tort qu'on a cru trouver l'indice du contraire dans la Novelle 135, dont certaines éditions donnent une traduction fautive. Les mots ἀσχήμονα τὸν βίον ἑαυτῷ περιτιθέναι ne signifient pas *ad* IGNOMINIOSAM *vitam transponi* (GODEFROI), mais bien INDECENTEM *vitam amplecti* (KRIEGEL); non plus que, dans le chapitre 1 de cette Novelle, on ne saurait traduire la phrase: καὶ τῷ τῆς ἀσχημοσύνης πιέζεσθαι μέχρι θανάτου ὀνειδισμῷ, par *ilidem ad mortem usque premi opprobrio* IGNOMINIÆ (GODEFROI): elle est beaucoup plus exactement rendue par les mots: *et* CONTUMELIÆ *opprobrio ad mortem usque premi* (KRIEGEL). Le texte ainsi compris ne fait, comme on voit, aucune mention d'*ignominia* et moins encore d'*infamia* (ἀτιμία), et le sens de la Novelle est celui-ci: Le débiteur ne doit pas être forcé de faire cession de biens, car il est déjà suffisamment à plaindre de se voir obligé par son dénuement de *vivre misérablement*. (MAREZOLL, p. 199).

Le cas d'infamie dont je m'occupe ici n'était donc plus d'aucune application sous Justinien, car cette note ne résultait pas d'une simple cession de biens, et la *bonorum venditio*, telle que la comprenait le droit antérieur, avait été supprimée. (*Pr. Inst.* 3, 12.)

2° L'individu majeur de 25 ans, qui violerait un pacte (*de non petendo*) ou une transaction librement consenti par lui et auquel il s'est engagé par serment, — soit en sollicitant le juge, soit en adressant des suppliques au souverain, soit en ne remplissant pas les promesses qu'il a faites. La place qu'occupe au Code (titre *De transactionibus C.* 41, *C.* 2, 4) cette disposition, émanée d'Arcadius et Honorius (395), paraît indiquer qu'elle est particulière aux pactes et aux transactions, et qu'elle ne doit pas être étendue aux autres contrats.

E. A RAISON OU A L'OCCASION DE MATIÈRES CRIMINELLES :

1° L'accusateur qui, par son inaction (*tergiversatio*), aurait laissé périmer une action criminelle avant abolition. Le sénatus-consulte Turpillien, rendu sous le règne de Néron, le réputait condamné *judicio publico calumniæ causa*. (*Fr.* 6, § 3, *D.* 50, 2; *C.* 1, *C.* 9, 44.)

2° L'individu contre lequel est décerné un *programma criminale* à raison d'un *crimen publicum* commis par lui (*C.* 3, *C.* 9, 40 de Honorius et Théodose, 421). Ceci se rapporte aux modifications qui furent introduites dans la procédure criminelle par SÉVÈRE et ANTONIN : avant eux, on mettait en jugement même les contumaces, mais ces empereurs décidèrent qu'à l'avenir les accusés non présents seraient sommés de comparaître, par une sorte de mandat appelé «*programma criminale.*» Le contumax prenait alors le nom de «*requirendus adnotatus.*» (*Fr.* 1, *D.* 48, 17. v. Cod. 7, 57).

3° Le fils de celui «*qui cum militibus vel privatis vel*

barbaris, scelestam inierit factionem, aut factionis ipsius susceperit sacramentum vel dederit, de nece etiam virorum illustrium qui consiliis et consistorio nostro intersunt, senatorum etiam (nam et ipsi pars corporis nostri sunt), vel cujuslibet postremo qui nobis militat, cogitaverit (eadem enim severitate voluntatem sceleris qua effectum puniri jura voluerunt)...» (C. 5, pr. et § 1, C. 9, 8, d'Arcadius et Honorius, 397). — Je ne puis mieux faire que de transcrire encore les passages suivants de cette constitution, dont la disposition ne paraît pas devoir être généralisée, ni étendue à d'autres cas que ceux qu'elle spécifie (*Arg.* § 7 de cette const.): «*Filii vero ejus, quibus vitam imperatoria specialiter lenitate concedimus (paterno enim deberent perire supplicio, in quibus paterni, hoc est hereditarii criminis exempla metuuntur)... sint perpetuo egentes et pauperes*, INFAMIA EOS PATERNA SEMPER COMITETUR; AD NULLOS PRORSUS HONORES, AD NULLA SACRAMENTA PERVENIANT; *sint postremo tales ut his perpetua egestate sordentibus, sit et mors solatium, et vita supplicium.*» (C. cit. § 1.)

«*Id quod de prædictis eorumque filiis cavimus, etiam de satellitibus consciis, ac ministris filiisque eorum simili severitate censemus.*» (C. cit. § 6).

En vertu des règles générales d'interprétation, ces dispositions ne doivent pas être étendues aux petits-enfants: on a même élevé des doutes sur la question de savoir si elles étaient applicables aux enfants adoptifs ou nés hors mariage. Il est certain que l'infamie n'atteignait pas en pareil cas les filles à raison du fait de leur père: le § 3 de notre Constitution ne les prive même pas de tous droits héréditaires, ainsi qu'en dispose le § 1 à l'égard des fils: elles sont capables de succéder, si ce n'est à leur père, car son crime entraînait la confiscation des biens. «*Mitior enim circa eas debet esse sententia quas pro infirmitate sexus minus ausuras esse confidimus.* » Enfin, l'infamie ne rejaillissait non plus en pareil cas sur la femme du condamné. (*C. cit.*, § 5.)

§ 2. En matière extrajudiciaire.

105. L'infamie frappe immédiatement et de plein droit :

1° Les usuriers et ceux qui se rendent coupables d'anatocisme. (*C.* 20, *C.* 2, 12, de Dioclétien, 290 ; cpr. *C.* de Justinien, 28, *C.* 4, 32).

2° L'affranchi qui, pour être admis dans la curie, s'était fait passer pour ingénu (*C.* de Diocl. et Maximien, *unica*, *C.* 9, 21 ; cpr. des mêmes, *C.* 1, *C.* 10, 32). Cependant ce cas semble devoir être rangé parmi les causes qui entraînaient l'infamie médiatement, c'est-à-dire, par suite d'une condamnation prononcée en vertu de la loi Visellia (*C. un.*, *C.* 9, 21). D'ailleurs toute cette disposition tomba du moment que toute différence fut supprimée entre les affranchis et les ingénus, par la Novelle 78.

3° Les sénateurs, duumvirs, phéniciarques et syriarques qui feraient passer pour légitimes et avantageraient comme tels, les enfants qu'ils auraient eus de femmes de bas étage avec lesquelles le mariage leur était interdit (*C.* 1, *C.* 5, 27, de Constantin, 336). Justinien supprima cette cause d'infamie par les Novelles 89, ch. 15, et 117, ch. 4.

4° Celui qui, fournissant une cachette à un décurion, lui permet ainsi de se soustraire à ses fonctions. (*C.* 31, *C.* 10, 31, de Valentinien, Valens et Gratien, 371.)

5° Les personnes qui intercéderaient auprès du souverain en faveur des *perduelles* dont il a été question au n° 104, *E*, 3° (*C.* 5, § 2. *C.* 9, 8, d'Arcadius et Honorius, 397). J'ai déjà cité plus haut l'infamie qui frappait le condamné qui adressait une supplique au prince au lieu d'user de la voie de l'appel. (V. n° 104, *C*, 3°). — Le cas de supplique que prévoit la *C. un.*, *C.* 1, 16, rendue par Valentinien, Théodose et Arcadius en 384, constituait le crime d'*ambitus* : l'infamie n'intervenait ici qu'à la suite d'une condamnation. — Enfin, l'infamie n'était pas attachée par les *C.* 3, *C.* 1, 19, et *C.* 10, *C.* 3, 1, au fait de supplique, comme le prétend à tort MAREZOLL.

6° Celui qui donnerait une interprétation malveillante à un rescrit ou à un privilége accordé par le souverain. (*C.* 2, *C.* 1, 14, de Théodose et Valentinien, 425.)

7° Les personnes qui, usurpant le titre de professeur, auraient réuni des élèves dans les salles consacrées aux leçons publiques. Cette disposition, émanée des empereurs Théodose et Valentinien (*C. un.*, *C.* 11, 18, de l'année 425 ; — cpr. *C. un.*, *C.* 12, 15, même année) était une conséquence de la constitution par laquelle l'empereur Julien exigeait, dès 362, que pour pouvoir exercer les fonctions de professeur, on fît ses preuves de moralité et de capacité et qu'on fût institué par décret. (*C.* 7, *C.* 10, 52.)

8° D'après une constitution de MAJORIEN, qui n'a pas passé au Code de JUSTINIEN, l'infamie frappait les personnes qui avaient contracté mariage sans constituer de dot, et un pareil mariage était déclaré nul.

9° Enfin, une constitution sans date, attribuée à JUSTINIEN, mais dont l'authenticité est contestée, déclare infâmes les chefs et affiliés de conventicules et de conspirations. (*C.* 3, *C.* 2, 59.)

CHAPITRE II.

Des effets de la note d'infamie.

---

106. — Les effets que produit la note d'infamie sont tantôt généraux, tantôt spéciaux. Dans une matière d'exception,

entièrement sortie du droit positif, comme celle dont il est ici traité, il faut avoir grand soin, sous peine de commettre de graves erreurs et de défigurer le caractère de l'institution, d'éviter les confusions et de ne pas se laisser entraîner à des extensions qui ne sauraient d'ailleurs être admises quand il s'agit de dispositions pénales. Mais, il faut le dire tout de suite, nous rencontrerons sous ce rapport de sérieuses difficultés, et peut-être ne saurons-nous pas toujours comprendre dans leur véritable sens certains textes ambigus ou obscurs, pour l'interprétation desquels nous n'aurons que les pâles lumières d'une critique dont nous ne nous dissimulons pas l'insuffisance.

107. J'envisagerai les effets de la note d'infamie en Droit romain sous différents points de vue, sans prétendre cependant observer un ordre précis et une délimitation rigoureuse dans les divisions que j'adopte. Dans l'examen d'un sujet qui a conservé l'empreinte des différentes phases de l'histoire du Droit romain, et qui a éprouvé dans son développement historique de si profondes et de si constantes modifications, il est en effet impossible d'établir une classification d'une rigueur absolue. Cette observation, qui peut être appliquée d'une manière générale à l'ensemble de notre sujet, est vraie surtout quand il s'agit de déterminer les conséquences, les résultats, les effets de l'institution, principalement à l'époque où elle était devenue entre les mains des empereurs une arme dont ils se servaient selon leur bon plaisir.

Sous le bénéfice de ces observations, j'examinerai successivement quelles étaient les conséquences de l'infamie au point de vue de la capacité juridique, politique et civile des personnes qui en étaient frappées.

SECTION PREMIÈRE.

Des effets de la note d'infamie en matière judiciaire.

108. La note d'infamie n'avait dans l'origine qu'un seul but et qu'un seul effet : l'interdiction de se présenter en justice, de postuler. Il est dès lors naturel d'examiner d'abord l'étendue des conséquences qui résultaient pour la personne notée d'infamie de l'incapacité de postuler qui pesait sur elle.

109. Il a déjà été question plus haut (n° 8) des trois classes de personnes que le préteur avait déclarées incapables d'agir en justice. Rappelons et complétons ce qui a été dit à ce sujet. — Les individus compris dans l'une de ces trois classes conservaient toujours le droit de postuler pour eux-mêmes, qu'ils fussent compris dans la catégorie des personnes déclarées incapables à raison de leur sexe ou d'infirmités, ou au nombre des *turpitudine notabiles*, ou parmi des personnes énumérées dans le troisième édit, et auxquelles le préteur avait assimilé les individus qu'il déterminait lui-même, et qui composaient la catégorie des infâmes proprement dits (*Fr.* 1, §§ 5 à 9. *D.* 3, 1). Mais tandis que l'interdiction de postuler pour autrui était absolue pour les *turpitudine notabiles*, hors le cas où ces personnes étaient chargées d'une tutelle ou d'une curatelle (ils pouvaient alors agir en justice au nom de leurs pupilles : *Fr.* 1 § 6 *in fine D. ib.*), les incapables compris dans le 3e édit, et par conséquent aussi les infâmes proprement dits, conservaient la capacité de se présenter pour certaines personnes énumérées en ces termes par le préteur : *Pro alio ne postulent, præter quam pro parente, patrono, patrona, liberis parentibusque patroni, patronæ,... liberisve suis, fratre, sorore, uxore, socero, socru. genero, nuru, vitrico, noverca, privigno, privigna*

pupillo, pupilla, furioso, furiosa (*Fr.* 1, §§ 8 et 11, *D.* 3, 1), et Gaius ajoute : « *fatuo, fatua, quum istis quoque personis curator detur* » (*Fr.* 2, *ib.*). — Ajoutons que pour celles des personnes ci-dessus indiquées qui n'étaient qu'alliées et non parentes, l'alliance devait être effective, c'est-à-dire exister encore au moment de l'instance. (*Fr.* 3, § 1, *D. ib.*)

110. En dehors des limites que je viens d'indiquer, l'incapacité de postuler était absolue pour l'une et l'autre classe ; elle était d'ordre public, comme nous dirions aujourd'hui, et ne pouvait être couverte par le simple consentement de l'adversaire (*Fr.* 7, *D. ib.*). — Cependant l'interdiction qui frappait l'infâme ne portait pas sur la *postulatio pro libertate*, en qualité d'*assertor*, tant que subsista cette institution, supprimée par Justinien. (*C.* 1, *pr. C.* 7, 17). Le préteur n'écartait de ces dernières fonctions que ceux qui lui paraissaient suspects. (*Fr. Vat.*, § 324.)

111. De l'incapacité de postuler pour autrui résultait pour l'infâme l'incapacité d'être cessionnaire d'actions ; car une pareille cession s'opérait toujours par la nomination du cessionnaire en qualité de *procurator* (*in rem suam*) du cédant (Gaius, II, § 39, *Fr.* 24, *pr. D.* 4, 4 ; *Fr.* 3, § 5, *D.* 15, 3, cpr. Paul, *Sent.* I, 2, § 3). Mais cette interdiction ne fut, plus tard, d'aucun objet, quand elle put être éludée à l'aide des actions *utiles*. (*C.* 9, *C.* 1, 39 ; Savigny, *op. cit.*, § 82.)

112. Si les infâmes ne pouvaient en général représenter les plaideurs en justice, ils ne pouvaient, d'autre part, non plus se faire représenter. Les Fragments du Vatican nous fournissent à ce sujet un passage de l'Édit du préteur, qui n'a pas été conservé au Digeste § 322 : « *Verba autem edicti hæc sunt : Alieno nomine : item* per alios *agendi potestatem non faciam in his causis in quibus ne dent cognitorem, neve dentur, edictum comprehendit.* » Le paragraphe 323

nous donne de ce texte le commentaire que voici : « *Quod ait*, ALIENO NOMINE, ITEM PER ALIOS, *breviter repetit duo edicta: cognitorium unum, quod pertinet ad eos qui dantur*,.... *ut qui prohibentur vel* DARE *vel dari cognitores, iidem et procuratores* DARE *darive arceantur.* » Ce dernier paragraphe est évidemment tronqué. Il faut, pour rendre la déduction complète et intelligible, ajouter à la suite du mot « *dantur* » un membre de phrase qu'on a proposé de rédiger ainsi : « *prohibitorium alterum, quod pertinet ad eos qui* DANT *cognitores.* ». Cette addition se justifie par le passage suivant de PAUL, que nous trouvons au *Fr.* 43, § 1, *D. de procurationibus* (3, 3) : « *Cum quæratur* AN ALICUI PROCURATOREM HABERE LICEAT, *inspiciendum erit* AN NON PROHIBEATUR PROCURATOREM DARE : *quia hoc edictum* PROHIBITORIUM EST. »

113. L'infâme se trouvait ainsi placé dans une position très-défavorable, car s'il perdait son procès, il était toujours condamné en son nom personnel, et nous savons que le jugement ainsi rendu entraînait des conséquences qu'il ne produisait pas quand il était prononcé *alieno nomine*. Ainsi, par exemple, la note d'infamie n'avait d'effet que si la condamnation dont elle découlait était prononcée contre l'auteur même du fait incriminé. Cette particularité de la procédure romaine avait même conduit les empereurs à ordonner aux fonctionnaires et aux membres de leurs familles de se faire représenter dans les procès civils dont l'issue pourrait avoir pour conséquence de les frapper d'infamie. Étrange préoccupation du maintien de l'honneur dans les corps de l'État ! (*C.* 25, *C.* 2, 13 ; *C.* 11, *C.* 9, 35 ; *Novelle* 71 ; cpr. n° 64.)

114. L'interdiction de constituer un procureur rendait autrefois l'infâme incapable de faire une cession d'actions ; mais cette conséquence de l'infamie disparut quand on mit en usage les actions utiles. (Cpr. n° 111.)

115. Si, contrairement à ce qui a été dit aux numéros précédents, une personne notée d'infamie se présentait en justice pour autrui, ou se faisait elle-même représenter, l'adversaire pouvait se prévaloir, sous forme d'exception dilatoire, des incapacités qui frappaient l'infâme, et faire ainsi ajourner le procès (*Fr.* 19, § 2, *D.* 22, 3; *Fr.* 2, § 4; *D.* 44, 1; § 11, *Inst.* 4, 13; GAIUS, IV, § 124). Mais, soit que dans la pratique les *exceptiones procuratoriæ* ne fussent d'aucun usage, soit, au contraire, qu'on en fît abus (car on a proposé ces deux interprétations du texte des Institutes), Justinien décida qu'à l'avenir elles ne seraient plus admises, « *ne dum de his altercatur, ipsius negotii disceptatio protelctur* » (*Fr.* 11, *in fine*, *Inst.* 4, 13). Est-ce à dire que Justinien n'a entendu interdire l'usage de ces exceptions que si elles étaient de nature, par les recherches qu'elles nécessiteraient, à entraver trop longtemps la marche du procès, tout en autorisant l'admission de celles dont le bien fondé était établi dès l'origine? Cette interprétation ne saurait être admise en présence de l'expression absolue et formelle qui se trouve dans notre texte: « *conquiescere sancimus.* » Ou bien, Justinien a-t-il voulu abolir entièrement l'incapacité qui frappait l'infâme de se présenter ou de se faire représenter en justice? Cette opinion n'est guère plus fondée, car elle est en opposition avec les textes du Digeste et du Code; or, l'on sait que l'édition qui nous est parvenue de ce dernier recueil est postérieure à la rédaction des Institutes. Il est beaucoup plus probable que le texte que nous discutons n'eût d'autre objet que de faire cesser un sujet de discussions interminables à l'origine des procès, en enlevant aux parties la faculté de soulever de semblables contestations, pour remettre exclusivement la décision de pareils incidents à l'arbitre du juge. (MAREZOLL, pages 215 à 217; SAVIGNY, § 82, texte et note *h*.)

116. Les personnes notées d'infamie ne pouvaient introduire une action publique ou populaire, car, d'après les idées du Droit romain, celui qui intentait une pareille action était censé se constituer procureur du peuple (*Fr.* 1 et 4, *D.* 47, 23; *Fr.* 43, § 2, *D.* 3, 3). A moins qu'il ne s'agît d'un crime de lèse-majesté ou d'accaparement de vivres (*Fr.* 7, *pr.* *D.* 48, 4; *Fr.* 13, *D.* 48, 2), les infâmes perdaient également le droit de porter une accusation pour crime (*Fr.* 8, *D.* 48, 2). Il ne semble pas, en présence des termes généraux de la *C.* 15, *C. de his qui accusare non possunt* (9, 1), que cette incapacité doive être restreinte aux seules personnes infâmes qu'énumère Ulpien au fragment 4 du même titre. Du reste, si son intérêt personnel était en jeu, l'infâme recouvrait le droit d'accuser ou d'intenter une action publique. (*Arg.* *Fr.* 4, *D.* 48, 2 et *Fr.* 6, *D.* 47, 23.)

Enfin, notons encore que par argument du Fragment 11, *D. de dolo malo* (4, 3), les infâmes perdaient la faculté d'intenter une action infamante contre des personnes dont l'honorabilité était intacte.

117. Je parlerai plus loin des effets qu'avait la note d'infamie, au point de vue de l'application de la peine, dans un délit commis par une personne déjà infâme (n° 126). Il me reste à examiner dans cette section l'influence qu'exerce l'infamie sur l'admissibilité et la valeur du témoignage d'une personne ainsi notée. Pour ne pas scinder la matière, j'indiquerai en même temps des dispositions relatives à l'incapacité d'être témoin dans les actes publics.

Il était de principe à Rome que toute personne à laquelle la loi ne l'avait pas formellement interdit, était habile à rendre témoignage, tant en matière criminelle qu'en matière civile (*F.* 1, § 1, *D.* 22, 5). Il ne paraît pas qu'avant Justinien une pareille interdiction ait été prononcée d'une manière générale contre tous les infâmes: certains fragments que nous trouvons au Digeste prouvent, au contraire, que leur capacité de déposer comme témoins n'était pas contestée en principe (*F.* 3, *pr.* § 1, *D.* 22, 5). Ce n'était que s'il y avait été expressément dérogé par une loi, que fléchissait la règle que j'ai rappelée ci-dessus (*Arg. F.* 13, cbn. *F.* 3, § 5, *D. ib.*). La loi Julia *de vi* avait édicté une semblable disposition, que Callistrate résume ainsi: «*Lege Julia de vi cavetur ne hac lege in reum testimonium dicere liceret.... qui judicio publico damnatus erit, quive ad bestias ut depugnaret se locaverit, quæve palam quæstum facit, feceritque....*» et le jurisconsulte continue: «*nam quidam propter reverentiam personarum....* ALII VERO PROPTER NOTAM *et infamiam vitæ suæ admittendi non sunt ad testimonii fidem.*» (*Fr.* 3, § 5, *D.* 22, 5; cpr. *Fr.* 6, § 1, *D.* 48, 11.)

On fut fort naturellement amené à récuser également en matière civile le témoignage de personnes que le législateur refusait d'entendre dans certains procès criminels. Du reste, même dans les cas où aucune disposition de loi n'empêchait un individu noté d'infamie de déposer en qualité de témoin, un semblable témoignage était toujours suspect, en ce sens que le juge devait avoir égard au caractère moral de la personne, dans l'appréciation de la valeur des déclarations faites devant lui. (*Fr.* 3, *pr.* § 1 et 13, *D.* 22, 5; Paul, *Sent.* V, 15, § 1.)

118. Jusqu'en 539, date de la Novelle 90, dont il sera question plus loin, la note d'infamie ne paraît non plus avoir été un obstacle qui empêchât l'infâme, d'une manière absolue, d'être témoin dans un acte public, et notamment dans un testament. Mais avant d'examiner ce côté de la question, il faut dire ici quelques mots sur une catégorie spéciale d'incapables: je veux parler des *improbi et intestabiles.* Sans m'engager dans des discussions qui me mène-

raient trop loin, j'indiquerai quels sont, dans ce sujet fort obscur, les points qui présentent le plus de probabilité.

AULU-GELLE (*Nuits attiques*, liv. XV, ch. 13) nous a conservé une disposition de la Loi des Douze-Tables, qui mentionne cette catégorie d'incapables dans les termes suivants: « *Qui se sierit testarier, libripensve fuerit, ni testimonium fariatur, improbus intestabilisque esto.* » Ce qui peut se traduire ainsi: Que celui qui, ayant consenti à être témoin ou *libripens*, refuse plus tard de rendre témoignage au sujet de l'acte auquel il aura pris part en cette qualité, soit *improbus et intestabilis*. Le sens qu'il faut attacher à ces derniers mots ressort clairement de l'ensemble du texte: *intestabilis* signifie ici *cui testari* (*i. e. testimonium dicere*) *non licet;* et peut-être faut-il expliquer *improbus* par les mots *qui* PROBARE *non potest.* Cette signification primitive du mot *intestabilis* résulte formellement du passage suivant de GAIUS: *Cum lege quis intestabilis jubetur esse, eò pertinet* NE EJUS TESTIMONIUM RECIPIATUR, *et eò amplius* (*ut quidam putant*), *neve ipsi dicatur testimonium* (*Fr.* 26, *D.* 28, 1). Ainsi, l'incapacité d'être témoin était la seule idée précise exprimée par ce mot: on discutait encore la question de savoir s'il devait également être compris dans le sens passif. Puis, cette extension admise, on en vint peu à peu, en dénaturant l'idée primitive, à retirer à l'*intestabilis* la faculté de faire un testament, puis enfin le droit de recevoir par testament. (*Fr.* 18, *pr.* § 1, *D.* 28, 1; Théoph. *ad* § 6, *Inst.* 2, 10.)

119. Je ne m'arrêterai pas plus longtemps sur cette matière, qui présente des difficultés pour la solution desquelles on en est réduit aux conjectures. Ce qui précède suffit pour prouver que les *improbi et intestabiles* ne doivent pas être confondus avec les *infames*, car il n'existe entre eux aucune communauté d'origine. Il ne serait donc pas exact de

se fonder sur ces mots des Institutes: «*nec is quem leges jubent improbum intestabilemque esse, potest in numero testium adhiberi*» (§ 6, *Inst.* 2, 10), pour en conclure d'une manière générale, que tous les infâmes étaient incapables d'être témoins à un testament, par la raison, dirait-on, qu'ils rentraient tous dans la catégorie des *improbi et intestabiles.* Bien au contraire, cette expression n'est formellement appliquée qu'à une catégorie d'infâmes: ce sont les pamphlétaires (*Fr.* 21, *pr. D.* 22, 5; *Fr.* 18, § 1, *D.* 28, 1; *Fr.* 5, § 9, 10, *D.* 47, 10); puis aussi, mais moins explicitement, aux adultères et aux concussionnaires (*Fr.* 14, 15, 18, *D.* 22, 5; *Fr.* 6, § 1, *D.* 48, 1). Au contraire, il n'en était pas ainsi des condamnés pour *calumnia* (*Fr.* 13, *D.* 22, 5). Il ressort de la controverse même dont ce dernier texte fait mention, que jamais aucun jurisconsulte n'a admis en principe que tous les infâmes fussent *intestabiles.* Un doute pourrait cependant naître à cet égard d'un fragment d'Ulpien, dont le sens est obscur: «*Eum qui lege repetundarum damnatus est, ad testamentum adhiberi posse existimo, quoniam in judicio testis esse vetatur.*» (*Fr.* 20, § 5, *D.* 28, 1). On a proposé pour ce texte différentes leçons, desquelles résultent autant de sens différents (Marezoll, p. 224, note). Cujas, par exemple, a proposé de lire «*adhiberi* non *posse.*» Mais il me semble que le passage d'Ulpien, tel qu'il nous est donné et tel que je viens de le transcrire, trouve une explication fort naturelle, si on l'interprète ainsi: La personne qui a subi une condamnation par application de la loi Julia *repetundarum*, est habile à être témoin dans un testament, *car* l'incapacité prononcée par cette loi ne s'applique qu'aux témoignages rendus en justice. (Cpr. *Fr.* 2, *D.* 1, 9.)

120. Ce qui vient d'être dit pour les témoins dans un testament est en général applicable à tous les témoins solen-

nels, quelle que soit la nature de l'acte auquel ils sont appelés à prendre part. L'exclusion de la personne notée d'infamie n'était en pareil cas qu'une exception, qui devait être formellement exprimée par la loi, et dont on trouvera des exemples aux *Fr.* 1, § 36, *D.* 16, 3; *Fr.* 7, *D.* 29, 3; *C.* 11, *C.* 8, 18; *Nov.* 1, ch. 2, § 1; v. encore PAUL, *Sent.* IV, 6, § 2.

121. Telle était, dans son ensemble, et autant qu'il est possible de la reconstituer à travers les obscurités des textes, la législation en vigueur jusqu'à Justinien. La Novelle 90 apporta à cette matière de grandes modifications. Voici les termes de cette constitution :

« *Sancimus vero...* UT TESTES BONÆ EXISTIMATIONIS SINT, *et vel propter dignitatem, vel militiam, vel divitias, vel indubitatum officium ejusmodi calumnia superiores exsistant, vel si tales non sint, ab aliis tamen quod fide digni sint testimonium habeant. Nec sedentarii quidam, nec humiles, nec planè obscuri ad testimonium veniant, sed ut, si de iis dubitetur, facilè demonstrari possit, vitam testium inculpatam et moderatam esse.* (*Nov.* 90, ch. 1, *proœm.*)

Justinien, on le voit, va ici beaucoup plus loin qu'on ne l'avait fait avant lui. Antérieurement, ce n'étaient que certaines personnes infâmes, pour faits spécialement désignés, auxquelles était retirée la capacité d'être témoins : le témoignage des autres infâmes n'était que suspect. Par la Novelle 90, l'incapacité devient générale et absolue : elle frappe toute personne dont la réputation aurait subi la moindre lésion, ou dont la conduite pourrait donner lieu au moindre reproche.

SECTION II.

Des effets de la note d'infamie sur la capacité politique.

122. S'il est exact de dire, ainsi que je crois l'avoir démontré, que la note d'infamie, dans sa constitution primitive, était une institution exclusivement prétorienne, il ne saurait être douteux qu'elle ne pouvait avoir, dans sa forme originaire, aucune influence sur la capacité politique des personnes contre lesquelles elle était prononcée. Car il faut, on ne saurait trop insister sur ce point, distinguer avec soin la note d'infamie de la note censoriale : l'origine de la première se trouvait dans des nécessités tirées de l'ordre judiciaire, tandis que la seconde avait son point de départ dans des considérations fondées sur l'ordre politique. Il résultait de là que tant qu'elles vécurent chacune de leur vie propre, ces institutions agissaient dans des sphères entièrement distinctes, dont les limites étaient déterminées par la différence même des attributions du préteur et des censeurs. Elles devaient donc nécessairement produire chacune des effets distincts, et exercer l'une sur l'autre une influence d'autant moindre que, comme je l'ai dit, en indiquant les caractères généraux de la *nota censoria*, le blâme infligé par le censeur ne liait aucunément la liberté d'action d'aucun autre magistrat.

123. Donc, dans cette première période, les conséquences politiques de la note d'infamie étaient nulles, car le préteur n'aurait pu y attacher de pareils effets sans sortir de ses attributions, pour empiéter sur celles des censeurs.

Le préteur, il est vrai, n'admettait pas une personne notée d'infamie à faire partie des *judices :* mais ceci était moins une incapacité politique qu'une incapacité judiciaire : il était naturel qu'il ne voulût pas porter sur la liste des juges une personne qu'il avait déjà déclarée indigne de paraître devant lu. comme représentant des parties; en agissant ainsi, le préteur restait dans la limite de ses pouvoirs et de ses attributions. (Cpr. *Fr.* 1, *D.* 48, 7; *Fr.* 6, § 1, *D.* 48, 11.)

124. Ce ne fut donc probablement que quand l'institution prétorienne eut absorbé l'institution censoriale, que la note d'infamie commença à entraîner des incapacités politiques. Jusque-là de pareils effets n'avaient été produits que par la note censoriale, et surtout par les condamnations *in judicio publico.* La fiction attachée aux condamnations de ce genre (n° 28) devait naturellement avoir pour résultat de rendre les personnes qui en avaient été l'objet, incapables de participer aux prérogatives des citoyens, dont les deux principales étaient le droit de participer aux honneurs et dignités, et de voter dans les assemblées du peuple (*jus suffragii*). — Cette dernière prérogative perdit toute son importance sous l'Empire; mais il n'en fut pas de même du droit d'aspirer aux fonctions publiques. Aussi trouvons-nous dans plusieurs des *leges judiciorum publicorum* rendues vers cette époque et dans d'autres endroits du Digeste, des dispositions qui prononçaient des incapacités politiques ou civiques de diverses natures, contre les infâmes, dans le sens plus étendu qu'avait pris ce mot à cette époque. Telle était l'interdiction de faire partie du sénat, de la curie ou de prétendre à d'autres honneurs (*Fr.* 1, *pr.*, *D.* 48, 7; *Fr.* 40, *D.* 47, 10; cpr. *Fr.* 2 et 3, *D.* 1, 9), de remplir les fonctions d'*assessor* (*Fr.* 2, *D.* 1, 22), ou d'être nommé légat de la République (*Fr.* 4, § 1, *D.* 50, 7). Telles étaient encore, à un point de vue plus spécial et à une époque un peu antérieure, les incapacités prononcées par la *Lex Julia municipalis* [v. Table d'Héraclée, lignes 34 (108) à 51 (125); voy. aussi lignes 52 (126) à 67 (141)]. Enfin, comme nous le verrons

dans la 3e section de ce chapitre, les lois Papiennes avaient prononcé contre les *mulieres famosæ* une véritable déchéance sociale.

125. Constantin généralisa ces incapacités qui jusque-là étaient particulières aux classes d'infâmes contre lesquelles elles avaient été prononcées. «*Neque famosis et notatis, et quos scelus aut vitæ turpitudo inquinat, et quos infamia ab honestorum cœtu segregat, dignitatis portæ patebunt.*» (*C.* 2, *C.* 12, 1.)

Il faut remarquer ici la différence qu'il y avait entre les *honores* ou *dignitates* et les *munera* (V. *Fr.* 10 et 14, *D.* 50, 4). La personne notée d'infamie restait habile à remplir les *charges* publiques, car c'était un privilége que d'en être exempté. Cependant il ne semble pas que le service militaire dût être, à ce point de vue, considéré comme *munus*. (*Arg. Fr.* 4, § 4 et 8, *D.* 49, 16; — *C.* 7, *C.* 9, 51.)

126. Enfin l'infâme perdait dans une certaine mesure les garanties accordées aux autres citoyens. Non-seulement, il était d'usage d'appliquer aux personnes notées d'infamie une peine plus forte que celle qui eût été prononcée en pareille circonstance contre un citoyen honorable (*Fr.* 28, § 16, *D.* 48, 19), mais par une disposition de la loi Julia *de adulteriis*, certains infâmes surpris en adultère pouvaient être impunément tués par le mari trompé (*Fr.* 24, pr. *D.* 48, 5), alors qu'en général un pareil droit n'était accordé qu'au chef de famille sous la puissance duquel se trouvait la femme adultère. (*Fr.* 20, *ib.*)

SECTION III.

Des effets de la note d'infamie sur les droits civils.

§ 1. Des prohibitions de mariage établies par les lois Papiennes contre les mulieres famosæ.

127. Il a déjà été question à diverses reprises des extensions apportées à notre matière par les lois Papiennes. Le moment est venu d'examiner plus à fond les conséquences nouvelles qui en découlèrent pour la note d'infamie, et les modifications que ces lois apportèrent à l'institution prétorienne.

La loi Julia *de maritandis ordinibus* établit, relativement au mariage des personnes de rang sénatorial et des ingénus en général, certaines prohibitions qu'ULPIEN résume en ces termes: «*Lege Julia prohibentur uxores ducere* SENATORES QUIDEM LIBERIQUE EORUM *libertinas, — et quæ ipsæ quarumve pater materve artem ludicram fecerit — item corpore quæstum facientem.* — CETERI *autem* INGENUI *prohibentur ducere lenam, — et a lenone lenave manumissam, — et in adulterio deprehensam, — et judicio publico damnatam — et quæ artem ludicram fecerit; adjecit Mauricianus, et a senatu damnatam.*» (*Rgl.* XIII.)

Mais n'y a-t-il pas ici confusion? ULPIEN mentionne à deux reprises les comédiennes, et semble dire d'autre part que le mariage entre ingénus et prostituées n'était pas prohibé. Si le mariage avec des comédiennes était interdit aux ingénus en général, il était inutile d'en parler en indiquant les prohibitions s'appliquant spécialement aux personnes de rang sénatorial, car en vertu de la règle énoncée au Fr. 49, D. 23, 2, l'incapacité prononcée contre les ingénus s'appliquait à plus forte raison aux sénateurs et à leur famille (cpr. *Fr.* 44, § 8, *D. ib.*). Cependant, cette répétition s'explique par ce fait que pour ces dernières personnes la prohibition de mariage était plus étendue que pour les simples ingénus : non-seulement les personnes de rang sénatorial ne pouvaient épouser des comédiennes ou des comédiens, mais l'interdiction s'étendait même aux enfants d'acteurs ou d'individus qui avaient été comédiens. — Quant à l'interdiction portant sur les prostituées, il n'en est pas parlé par Paul, dans le Fr. 44, pr. D. 23, 2, qui semble reproduire les termes mêmes de ce chef de la loi Julia, et l'exactitude de la mention qu'en fait Ulpien, en restreignant cette interdiction aux sénateurs et à leurs enfants, est d'autant plus douteuse qu'il résulte clairement d'autres passages empruntés par le Digeste au même jurisconsulte, que cette prohibition s'étendait à tous les ingénus en général. (*Fr.* 43, pr. à § 5, *D.* 23, 2.)

Quoi qu'il en soit, on peut considérer comme hors de doute que par les lois Papiennes le mariage fut prohibé :

A. A tous ingénus en général avec les : 1) *lenæ* ; 2) *manumissæ a lenone lenave* ; 3) les comédiennes ; 4) les femmes surprises en adultère ; 5) les condamnées *in judicio publico* 6) ou par le sénat, et fort probablement 7) avec les prostituées, *corpore quæstum facientes.* (Ulp., *Rgl.* XIII, § 1, cbn. *Fr.* 43 et 49, *D.* 23, 2.)

B) Aux sénateurs et à leurs enfants et descendants des deux sexes (V. *Fr.* 44, *pr. D.* 23, 2), spécialement avec : 1) les affranchis en général ; — 2) les enfants dont les parents sont ou ont été comédiens.

128. Le mariage de personnes de famille sénatoriale avec des individus compris dans ces deux dernières classes n'avait été prohibé que pour éviter toute alliance de nature à faire déchoir ces familles du rang qui leur appartenait dans l'État.

Les prohibitions faites à tous les ingénus en général, qu'ils fussent ou non issus de famille sénatoriale, avaient un but de moralisation plus immédiat, car l'interdiction portait dans ces cas sur des femmes perdues d'honneur, que la loi elle-même désigne sous les expressions de *famosæ* ou *probrosæ mulieres.* — Jusqu'à ce moment cependant les femmes ainsi désignées n'étaient soumises à aucune note particulière, car ni la note censoriale, qui avait une origine et des conséquences toutes politiques, ni la note d'infamie, qui jusque-là ne visait qu'à un but tout spécial, l'interdiction de postuler, ne pouvaient avoir d'objet, appliquées à des personnes que leur sexe déjà rendait incapables d'exercer les droits politiques et d'agir en justice. — Mais il n'en fut plus ainsi quand la loi Julia eut établi les prohibitions que nous venons de voir. Toutefois, l'assimilation ne se fit pas dès l'origine de cette législation nouvelle. L'interdiction du *connubium* portait sur les femmes *famosæ*, ce qui est un terme général pour indiquer des personnes décriées, tarées, perdues d'honneur, et non sur des femmes *infames,* mot qui a toujours conservé dans les lois romaines sa signification juridique spéciale. — Mais la confusion ne tarda pas à s'opérer dans les travaux des jurisconsultes. Aussi bien, l'interdiction du *connubium* ne portait-elle que sur des femmes exerçant un métier ou se trouvant dans une condition qui avaient de tout temps entraîné la note d'infamie pour les hommes. A ce point de vue l'assimilation se justifiait, et voici quelles furent alors les conséquences de l'infamie. Les *hommes notés d'infamie* perdaient leurs droits politiques, la faculté de postuler pour autrui, et ne pouvaient épouser des femmes issues de familles sénatoriales. — Les *mulieres probrosæ* énumérées par la loi Julia furent déclarées absolument incapables d'épouser un homme de naissance ingénue.

129. La sanction des prohibitions de la loi Julia était-elle la

nullité du mariage contracté au mépris de ses dispositions? Non, certains textes résistent absolument à une pareille interprétation (*Fr.* 27, 34 § 3; 43, § 10, *D.* 23, 2. Voy. Savigny, *System*, t. II, Appendice VII, nº 3). La loi Julia ne prononçait contre ceux qui enfreindraient ses prescriptions qu'une incapacité dont il sera question au § 2 de cette section. — Ce ne fut que postérieurement, sous le règne de Marc-Aurèle, qu'un sénatus-consulte établit la nullité du mariage, mais dans un seul cas, celui où une personne de rang sénatorial aurait épousé un affranchi, et ce ne fut que par interprétation que cette nullité fut étendue ensuite au mariage contracté par ces personnes avec des comédiens ou des individus exerçant des métiers contraires aux bonnes mœurs (V. et cpr. *Fr.* 16, 27, 34, § 3, 42, § 1. *D.* 23, 2; *Fr.* 3, § 1. *D.* 24, 1). Mais aucun texte ne déclare nul d'une manière générale un mariage contracté avec une personne infâme, soit par des membres d'une famille sénatoriale, soit en général par des ingénus.

130. Les dispositions de la loi Julia et du sénatus-consulte de Marc-Aurèle ne suffirent cependant pas à prévenir de semblables mariages. Par une constitution rendue en 336, Constantin déclara infâmes les *illustres* qui épouseraient des personnes *abjectæ et humiles*, expression qui semble désigner toutes les femmes appelées *famosæ* ou *probrosæ* par la loi Julia (*C.* 1, *C.* 5, 27). Dans une constitution interprétative, rendue en 454 par Marcien, cet empereur décida que le mot *humilis* ne comprenait pas les femmes ingénues, pour le seul fait qu'elles étaient pauvres. — Cette constitution, qui n'est que fort imparfaitement résumée au Code de Justinien (*C.* 7, *C.* 5, 5), nous donne en ces termes le sens des expressions *humilis* et *abjectæ*: «*Ille (Constantinus) vero honesti amantissimus et morum sanctissimus censor, eas humiles abjectasque judicavit esse personas, et matrimoniis senatorum*

duxit indignas quas, aut nascendi decolor macula (=humiles) aut vita probrosis quæstibus dedita (=abjectæ) sordentibus notis polluit, et vel per originis turpitudinem (=humiles) vel obscœnitate professionis (=abjectæ) infecit.» — (V. cette constitution à la suite du Code Théodosien, éd. J. Godefroi). — Il résulte de là que les personnes *abjectæ* n'étaient autres que les *mulieres famosæ* de la loi Julia, et que l'expression *humiles* désignait les filles de ces personnes ou d'individus infâmes en général.

131. La législation que je viens d'esquisser fut en partie abrogée par Justinien. Déjà, pour lui permettre d'épouser l'actrice Théodora, son père adoptif Justin avait levé, pour le cas où elles renonceraient à la scène, la prohibition du *connubium* qui pesait sur les comédiennes et leurs filles. (*C.* 23, *C.* 5, 4.)

Plus tard Justinien lui-même généralisa cette disposition, en dispensant dans ce cas les actrices de certaines conditions que leur avait imposées Justin. (*C.* 29, *pr., in fine, C.* 5, 4, reproduite *ad C.* 33, *C.* 1, 4, cbn. *C.* de Justin; Nov. 51, *præf., in fine; Auth. scenicas non solum, C.* 5, 4.)

En 537 Justinien supprima toute différence entre les affranchis et les ingénus. (Nov. 78, ch. 1.)

Dans la même année, il abrogeait, par le chapitre 15 de la Novelle 89, la constitution de Constantin citée au numéro précédent, et confirma cette abrogation en 542, dans le chapitre 6 de la Novelle 117. La concession du *connubium* aux femmes indiquées dans cette constitution ne fut plus soumise, à partir de ce moment, qu'à deux conditions:

1° Que ces femmes fussent libres (Nov. 117, ch. 6);

2° Que, si elles épousaient des *illustres*, on rédigeât des actes dotaux. (Nov. ead. ch. 4 et 6; *Auth. ut liceat matri et aviæ, ad C.* 1, *C.* 5, 27 et *ad C.* 23, § 7, *C.* 5, 4.)

132. Voici quelles furent les conséquences de ces diverses dispositions :

1) La prohibition du mariage entre sénateurs et affranchis n'eut plus d'objet du moment que ces derniers furent entièrement assimilés aux ingénus. — Déjà précédemment, par la *C.* 28, *C.* 5, 4, Justinien avait décidé que le mariage d'un ingénu et d'une affranchie subsisterait alors même que le premier deviendrait par la suite sénateur.

2) La législation établie par Constantin et Marcien étant entièrement abrogée par les Novelles 89 et 117, la prohibition du *connubium* qui pesait sur les *mulieres humiles et abjectæ* disparut, de même que la note d'infamie que Constantin avait prononcée contre les *illustres* qui enfreindraient cette interdiction de mariage.

Mais il ne faut pas aller plus loin. Aucun texte ne nous autorise à admettre que Justinien ait entendu abolir complétement la législation sur le *connubium* établie par les lois Papiennes : les Novelles 89 et 117 ne visent que les constitutions de Constantin et de Marcien : ce n'est donc que dans la mesure des dispositions contenues dans ces dernières, que les Novelles que j'ai citées doivent être appliquées. Or, ni Constantin ni Marcien ne parlent des femmes surprises en adultère, ni de celles condamnées en instance publique, double catégorie que la loi Julia *de maritandis ordinibus* avait comprise dans les prohibitions édictées par elle (V. Ulp., Rgl. XIII, § 2). Ces prohibitions subsistaient donc encore sous Justinien, et de pareilles femmes ne furent jamais admises à épouser des personnes ingénues. Peut-être faut-il en dire autant des prostituées.

Ajoutons que Justinien ne leva d'ailleurs, pour les personnes dont j'ai parlé plus haut, que la prohibition du *connubium* et non la note infamante dont elles avaient été entachées par les lois Papiennes, ainsi que nous l'avons vu.

Cette note subsistait encore sous Justinien, et, en dehors du mariage, produisait tous les effets qui en étaient la conséquence, notamment en matière de succession.

§ 2. Influence de la note d'infamie sur la capacité de donner et de recevoir à titre gratuit.

133. Aucune disposition des lois romaines ne permet de supposer qu'à une époque quelconque les personnes notées d'infamie aient été privées d'une manière générale et absolue du droit de disposer ou de recevoir par testament et moins encore de succéder *ab intestat*. On a vu plus haut (n° 118) quelle était la véritable signification de l'expression *improbi et intestabiles*, que Justinien rappelle au § 6, Instit. II, 10. Si plus tard, comme je l'ai dit, on attribua à ces mots un sens dérivé, synonyme de *qui testamentum facere non potest*, ils n'ont jamais été appliqués à ce point de vue aux personnes infâmes, et Justinien ne se sert de cette locution que pour indiquer des personnes qui ne pouvaient prendre part à un testament en qualité de témoins. Nulle part cette expression appliquée aux infâmes ne paraît devoir exprimer une incapacité de tester ou de recevoir par testament.

En dehors du cas tout spécial de la constitution 5, § 1, C. 9, 8 (n° 104, E, 3°), la note d'infamie ne produisait que des incapacités partielles en matière de succession. Les unes, résultant des lois Papiennes, frappent toutes les *mulieres famosæ seu probrosæ;* les autres atteignent en général les personnes infâmes dans le cas où un testateur les aurait avantagées aux dépens de ses héritiers naturels.

A. Incapacité des femmes notées par la loi Julia.

134. Les prohibitions de *connubium* établies par les lois Papiennes étaient sanctionnées par des incapacités de donner

et de recevoir prononcées contre les personnes qui auraient violé ces dispositions. Mais il est fort difficile d'établir avec précision jusqu'où s'entendaient ces incapacités. Nous ne trouvons guère qu'un seul texte qui soit formel, mais qui prononce sur des dispositions de nature spéciale : les successions entre époux. Voici comment s'exprime ULPIEN : « *Aliquando vir et uxor nihil inter se capiunt, id est si contra legem Juliam Papiamque Poppæam contraxerint matrimonium, verbi gratia* SI FAMOSAM QUIS UXOREM DUXERIT, AUT LIBERTINAM SENATOR. » L'incapacité était donc ici réciproque.

Les lois Papiennes mêmes n'avaient pas établi contre les *mulieres probrosæ* d'incapacité générale en matière de successions, et ce ne furent que des dispositions de lois postérieures qui étendirent et multiplièrent les cas d'incapacité. Ici cependant nous en sommes réduit aux conjectures, et c'est à peine si nous avons quelques jalons qui puissent nous guider.

135. SUÉTONE rapporte que sous Tibère « *fœminæ famosæ, ut ad evitandas legum pœnas, jure ac dignitate matronali exsolverentur, lenocinium profiteri cœperant* » (Vie de Tibère, ch. 35). Ce passage de SUÉTONE est corroboré par la disposition du Fr. 10, § 2, *D.* 48, 5, qui est d'ailleurs étrangère à la question d'incapacité qui nous occupe en ce moment. Mais il s'explique encore à un autre point de vue qui se rapporte plus directement à la question que nous traitons ici. En se livrant à la prostitution, les femmes se rendaient inhabiles à contracter mariage avec une personne ingénue. Dès lors les incapacités que les lois Papiennes avaient attachées au célibat volontaire ne pouvaient plus leur être appliquées, car elles s'étaient mises dans l'impossibilité de se marier suivant les prescriptions de ces lois. Ce calcul, d'un raffinement scandaleux, fut, paraît-il, d'une pratique fréquente, car Domitien fut amené, pour le déjouer, à

prendre une mesure générale que SUÉTONE rapporte en ces termes : « *Probrosis fœminis lecticæ usum ademit*, JUSQUE CAPIENDI LEGATA HEREDITATESQUE (Vie de Domitien, ch. 8). Cette disposition doit être entendue en ce sens que le bénéfice du célibat forcé ne devait plus à l'avenir profiter à ces femmes, et qu'elles devenaient absolument incapables d'acquérir des legs ou une succession quelconque, comme si elles restaient volontairement dans le célibat. (SAVIGNY, *op. cit.*, t. II; *Append.* VII, n° 13.)

Adrien compléta cette mesure en l'étendant aux dispositions faites par des testaments militaires, auxquels elle ne s'appliquait pas jusque-là (*Fr.* 41, § 1, *D.* 29, 1; *Fr.* 14, *D.* 34, 9; cpr. GAIUS, II, § 111). — De ce moment les *mulieres famosæ* des lois Papiennes semblent donc avoir été déclarées entièrement incapables d'être avantagées par testament, et d'hériter à quelque titre que ce soit. Ceci paraît d'autant plus probable qu'ULPIEN a soin de mentionner comme une exception que « *mulier famosa ad legitimam hereditatem* LIBERORUM *admittitur* » (*Fr.* 2, § 4, *D.* 38, 17), et que JUSTIN, en levant la prohibition de *connubium* qui pesait sur les comédiennes, a soin de dire qu'elles recouvraient le droit de disposer de leurs biens et de recueillir une hérédité testamentaire ou *ab intestat.* (*C.* 23, § 3, *C.* 5, 4.)

B. DE LA PLAINTE D'INOFFICIOSITÉ DIRIGÉE CONTRE UN TESTAMENT INSTITUANT DES PERSONNES INFAMES.

136. La plainte d'inofficiosité pouvait être intentée par tous ascendants et descendants passés sous silence par le testateur, sans égard à la condition des personnes qui leur auraient été préférées, car leur omission dans le testament constituait dans tous les cas une violation de l'*officium pietatis.* Au contraire, les frères et sœurs du testateur ne pou-

vaient que dans certains cas arguer d'inofficiosité le testament du défunt. — Deux constitutions de Constantin, rendues en 319 et en 332 (*C.* 1 et 3, *C.* Theod. 2, 19), dont les termes ont été résumés, mais fort incomplétement, dans le Code de Justinien (*C.* 27, *C.* 3, 28), avaient établi à ce sujet des dispositions dans l'examen desquelles je n'entrerai pas, car cela nous entraînerait à des développements qui nous écarteraient trop de la question spéciale dont il s'agit ici. C'était là d'ailleurs une disposition du droit nouveau dérogeant entièrement à la législation de l'époque classique. — Qu'il suffise de dire que la *querela inofficiosi testamenti*, qui ne pouvait jamais être intentée par les frères ou sœurs utérins du testateur, était accordée par la C. 27, C. 3, 28, aux frères et sœurs consanguins, — et à plus forte raison aux germains, — si le testateur avait institué à leurs dépens des personnes « *qui infamiæ, vel turpitudinis, vel levis notæ macula adspergantur.* » Il semble toutefois que ce n'ait été là qu'une énumération démonstrative, et que la loi ait abandonné au juge le soin d'apprécier si la plainte portée devant lui était admissible. — Aussi la disposition de cette constitution ne doit-elle pas être considérée comme spéciale à notre matière. (Savigny, *op. cit.*, § 82, *in fine ;* voy. Marezoll, p. 246 à 250; — cpr. § 1. *Instit.* 2, 18; *C.* 11, *C.* 3, 28.)

§ 3. D'une disposition particulière relative aux droits personnels.

137. Les lois Papiennes, dans un chef que Paul reproduit textuellement (*Fr.* 37, pr. *D.* 38, 1), libèrent des *operæ libertorum* l'affranchi auquel il serait survenu deux ou plusieurs enfants, postérieurement aux engagements qu'il aura con-

tractés envers son patron. Il n'est fait d'exception que pour l'affranchi « *qui artem ludicram fecerit, quive operas suas, ut cum bestiis pugnaret, locaverit.* » — C'est la seule incapacité, fort spéciale comme on voit, qui frappât certains infâmes en matière de droits personnels.

CHAPITRE III.

Des modes d'extinction de la note d'infamie.

---

138. La note d'infamie était perpétuelle de sa nature. Elle était d'ailleurs toute personnelle à celui qui en était entaché, et, hors le cas tout spécial de la *C.* 5, § 1, *C.* 9, 8 (V. n° 104, E. 3°), elle ne rejaillissait pas sur la famille de la personne infâme. (*Fr.* 26, *D.* 48, 19; *Fr.* 2, § 2, *in fine D.* 50, 2.)

Sauf les exceptions indiquées plus bas, la note d'infamie survivait à la peine temporaire prononcée contre le coupable, et d'autre part l'abandon du genre de vie honteux auquel cette note était attachée n'avait, en général, aucune influence sur l'existence de celle-ci (*Arg. Fr.* 43, § 4, *D.* 23, 2). Enfin, il était également de règle que la grâce intervenue en termes généraux (*abolitio seu indulgentia generalis*), à la suite d'une condamnation entraînant l'infamie, n'avait pas pour effet de réhabiliter le coupable, mais ne le déchargeait que de la peine (pécuniaire ou corporelle) qui avait été prononcée contre lui (V. *C.* 3, *C.* 9, 43; *C.* 7, *C.* 9, 51; V. cpd. *Fr.* 1, § 10, *in fine D.* 3, 1). Cette disposition s'explique fort naturellement par ce fait, déjà signalé, que l'infamie médiate ne découlait pas de la peine infligée, mais de la nature du jugement qui avait entraîné la peine. Or, un pareil jugement subsistait tant qu'il n'était pas annulé par les voies légales, et une grâce conçue en termes généraux ne pouvait produire cet effet, car l'octroi même de cette faveur présupposait l'existence et la validité du jugement.

139. Toutefois on avait admis des dérogations de diverses natures aux règles qui précèdent.

Le préteur s'était réservé le droit de lever la note d'infamie par la voie de la *restitutio in integrum*, si la demande était basée sur des motifs dont la connaissance ressortissait à la juridiction de ce magistrat. Mais en dehors de ces limites, le pouvoir de réhabilitation cessait pour lui, et ce droit n'appartenait plus alors qu'au sénat (pour les condamnations prononcées par ce corps) et au souverain (*Fr.* 1, § 10, *D.* 3, 1; *Fr.* 45, § 1, *D.* 42, 1; *Fr.* 1, § 27, *D.* 48, 18; *Fr.* 9, § 11 et *Fr.* 27, *D.* 48, 19; cpr. *Fr.* 63, *D.* 47, 2). La faveur accordée devait porter sur l'infamie même (*restitutio famæ*), pour que cette note pût être effacée par ce moyen. La qualification de *perpetua* ou *perennis*, que divers textes appliquent à la note d'infamie ne semble être, à ce point de vue, qu'une clause de style, et ne faire aucun obstacle à la grâce impériale.

140. Dès avant les modifications apportées à la législation par les empereurs, on avait établi, quant à la possibilité de la réhabilitation, une distinction entre les divers cas d'infamie. Les *turpitudine notabiles*, expression qui, on se le rappelle, désignait les sodomites, les *arenarii* et les individus condamnés en instance publique, ne pouvaient obtenir que difficilement, nous dit ULPIEN, la *restitutio in integrum*.

D'autre part, je l'ai déjà dit, l'abandon du genre de vie honteux ne suffisait pas pour effacer l'infamie qui frappait *ipso facto* les personnes ayant une conduite ou un métier déshonnête, et l'on ne saurait chercher dans les constitutions que rendirent Justin et Justinien, en faveur des comédiennes (n° 131), un argument pour poser en règle une disposition qui avait une signification et un but tout spéciaux. Dans certains cas, la réhabilitation était subordonnée à des conditions fort dures. Nous en trouvons un exemple dans la Constitution *4 ad S. C. Tertullianum* (*C.* 6, 56), qui exige que la veuve qui voudrait être lavée de l'infamie qu'un convol prématuré lui a fait encourir, fasse préalablement aux enfants qu'elle aurait de son premier mari, donation pleine et entière de la moitié des biens qu'elle possédait à l'époque de la célébration de son second mariage.

141. Adrien et ses successeurs apportèrent plusieurs innovations dans la durée de l'infamie, pour certains cas spéciaux qui peuvent se ramener à deux classes :

A. L'infamie n'est que temporaire ;

B. L'infamie ne frappe pas, bien que la condamnation soit infamante.

Toutes les exceptions que nous allons examiner dans ces deux divisions ont été établies en considération de la règle inscrite au *Fr.* 11, *pr. D. de pœnis* (48, 19) : que la peine infligée ne doit pas être plus dure que celle établie par la loi.

A. Il a déjà été question (n° 21, 3°) de l'exclusion temporaire d'un ordre ou d'une corporation, infligée, notamment, aux décurions et aux avocats. C'était tantôt une peine principale, et tantôt la conséquence d'une peine plus grave. Si, dans ce dernier cas, le jugement de condamnation était de la nature de ceux qui entraînaient la note d'infamie, cette note était perpétuelle, et survivait à la peine subie et à l'exclusion temporaire. Mais alors il arrivait que l'exclusion qui, en tant que conséquence de la peine principale, n'existait que pendant la durée de cette peine, devenait perpétuelle, comme conséquence de l'infamie. (*Arg. Fr.* 5, *D.* 50, 2.)

Si, au contraire, l'exclusion temporaire était prononcée comme peine principale, l'infamie, en vertu d'un édit d'Antonin, ne durait que tant que durait l'exclusion, car autrement on serait arrivé à cette conséquence inique qu'une peine qui n'avait été prononcée que pour un temps serait, en fait, devenue perpétuelle, l'existence de l'infamie s'opposant à l'admission dans les corporations dont il s'agit. (*C.* 1. *C.* 10, 59; — *Fr.* 8, *D.* 3, 1; — *Fr.* 3, § 1. *D.* 50, 2; *C.* 3. *C.* 2, 12). L'infamie cessait donc en pareil cas du jour de la réadmission dans l'ordre : elle cessait même avant cette époque, et du jour de l'expiration du temps fixé comme durée de la peine, si, dans l'hypothèse de la dernière partie du *Fr.* 2, *pr. D.* 50, 2, le décurion temporairement exclu était obligé, pour reprendre ses fonctions, d'attendre qu'il y eût une place vacante.

Une disposition particulière, relative à l'exil, fut introduite par Adrien (*Fr.* 8, *D.* 3, 1). Ici encore l'exclusion de l'ordre et l'infamie ne duraient que tant que durait l'exil; toutefois le décurion qui se trouvait dans cette situation ne pouvait, de même que tout relégué, aspirer à de *nouveaux* honneurs avant l'expiration d'un temps égal à la durée de l'exclusion ou de l'exil. (*Fr.* 15, *pr. D.* 50, 1; *C.* 2, *C.* 10, 59; cpr. *Fr.* 5, *D.* 50, 2, et *Fr.* 4, § 4, *D.* 49, 16.)

B. L'excès de la peine infligée avait pour effet de faire cesser l'infamie. Si, pour quelque motif que ce fût, le juge avait prononcé, dans une instance dont la conséquence était d'entraîner l'infamie pour le condamné, une peine qui excédât celle établie par la loi, le tort causé au condamné par ce jugement était *légalement* irréparable (il faut, avec les textes, raisonner dans l'hypothèse d'une condamnation devenue définitive) : néanmoins, pour l'atténuer autant qu'il était encore possible de le faire, on décidait que, par suite d'une sorte de transaction intervenue entre le juge et le condamné, ce dernier serait déchargé de l'infamie attachée à la condamnation. (*Fr.* 13, § 7. *D.* 3, 2 ; — *Fr.* 10, § 2. *D.* 48, 19; *Fr.* 15, *pr. D.* 50, 1 ; — *C.* 4 et 8. *C.* 2, 12.)

On ne saurait en aucune façon admettre l'étrange conséquence qu'on a voulu déduire de ces textes, en en concluant qu'il était ainsi au pouvoir du juge d'éviter l'infamie au condamné. Une pareille interprétation est formellement contraire aux principes du Droit romain, que nous trouvons indiqués aux *Fr.* 63, *D.* 47, 2; *Fr.* 40, *D.* 47, 10; *Fr.* 1, § 4 *in fine D.* 48, 16; *Fr.* 15, *pr. D.* 50, 1.

Dans ce dernier texte il est dit clairement que si une peine trop forte épargne l'infamie au condamné, une peine trop mitigée (à moins qu'elle ne le soit par des considérations particulières autorisées par la loi : *Fr.* 11 et 13, *D.* 48, 19; *C.* 3. *C.* 2, 12) ne saurait produire le même effet, car, ajoute Papinien, le juge ne connaît que du fait et non du droit. — Il résulte évidemment de là que le juge n'avait, pas plus d'une manière que de l'autre, la faculté de faire échapper le coupable à l'infamie que la nature du délit devait entraîner, et que s'il en agissait volontairement ainsi, il commettait un excès de pouvoir.

Les textes, avons-nous dit, doivent être entendus comme raisonnant dans l'hypothèse d'une condamnation devenue définitive. Deux cas peuvent se présenter. — Ou bien la condamnation a déjà reçu un commencement d'exécution, ou bien l'excès de la condamnation est reconnue avant sa mise à exécution, mais après l'expiration des délais d'appel. Dans le premier cas l'infamie aura réellement commencé à produire ses effets, mais elle cessera dès que l'exagération de la peine aura été reconnue. C'est à cette hypothèse que se réfèrent plusieurs de nos textes, notamment les *Fr.* 15, *pr. D.* 50, 1, et *Fr.* 4, § 4, *D.* 49, 16.

Dans le second cas, au contraire, bien que l'infamie résulte, comme dans l'hypothèse précédente, du jugement même, elle cesse, par l'effet de la loi et dès que l'erreur du juge est reconnue, d'être une des conséquences de ce jugement, et disparaît ainsi avant même d'avoir réellement commencé à exister. C'est dans ce sens que semblent être conçus les Fragments 13, § 7, *D.* 3, 2, et 10, § 2, *D.* 48, 19.

SECONDE PARTIE.

TURPITUDO, LEVES NOTÆ.

142. Pour compléter l'exposé de la théorie de l'infamie en Droit romain, j'examinerai accessoirement dans cette seconde partie les effets juridiques que produisait la situation particulière de certaines catégories de personnes qui, sans avoir mérité la note d'infamie proprement dite (*infamia juris*), étaient cependant considérées, soit à raison de leur métier ou de leur genre de vie, soit à raison de leur extraction, comme ayant éprouvé dans leur condition juridique une lésion qui les plaçait dans une position inférieure à celle des autres citoyens.

143. La dénomination des deux classes dans lesquelles on range communément les individus dont il s'agit a été empruntée à la Constitution 27, C. 3, 28, qui, par les mots «*si*... INFAMIÆ, TURPITUDINIS et LEVIS NOTÆ, *macula adsperganlur*», semble reconnaître formellement trois degrés dans les atteintes que peut subir l'honorabilité d'une personne. — Cette terminologie a été généralement adoptée par les auteurs, car elle répond assez exactement aux dis-

tinctions que paraissent établir les textes, malgré la grande variété d'expressions en usage pour désigner ce que j'appellerai, avec la plupart des commentateurs, la *turpitudo* et les *leves notæ*.

I.

„Turpitudo".

144. Les anciens commentateurs ont beaucoup discuté la question de savoir si le Droit romain reconnaissait l'existence légale de la *turpitudo*, à laquelle on a encore donné le nom d'*infamia facti*, par opposition à l'infamie proprement dite, qui, résultant directement d'une disposition formelle de la loi, avait reçu le nom d'*infamia juris* (n° 23). On se fondait, pour soutenir la négative, sur ce que l'opinion publique, du jugement de laquelle on voudrait faire résulter cette note, est chose trop versatile pour pouvoir servir de base à une incapacité légale. Sans doute, ce raisonnement serait exact, si l'on devait admettre que l'opinion publique fût en pareil cas juge et partie dans la question. — Mais elle n'était ici que partie. C'est au magistrat devant lequel est portée une contestation qu'il appartient d'apprécier les faits, et par conséquent aussi d'examiner si les personnes qui comparaissent devant lui à un titre quelconque remplissent les conditions qu'exige leur rôle. Il jugera donc si les individus que l'opinion publique lui signale comme peu recommandables méritent une pareille sentence, et s'il les reconnaît tels, il sanctionnera l'accusation portée par l'opinion, en déclarant ces individus incapables de certains actes juridiques déter-

minés par la loi. — Il suffit de parcourir les nombreux textes qui font directement ou indirectement mention de la *turpitudo*, pour rester convaincu que le Droit romain attachait en plusieurs circonstances une importance réelle à la bonne réputation, et frappait de certaines incapacités juridiques les individus que la voix publique proclamait indignes de l'estime des gens de bien, sans qu'ils eussent subi d'ailleurs une condamnation ayant juridiquement porté atteinte à leur honneur, et en abandonnant au juge le soin d'apprécier cette question. (Voy. notamment *Fr.* 11, *D.* 4, 3; *Fr.* 8 et 9, *D.* 48, 2; — *Fr.* 2, 3, *D.* 22, 5 et *Nov.* 90, ch. 1; *Fr.* 2, *D.* 1, 9 et *Fr.* 12, § 2, *D.* 5, 1; *Fr.* 12, *D.* 23, 1 et *C.* 5, *C.* 5, 1; *Fr.* 22, § 6, *D.* 24, 3; *Fr.* 17, § 1, *D.* 26, 2; *C.* 2, *C.* 12, 1; *C.* 19 et 27, *C.* 3, 28; — *Fr.* 2, pr. *D.* 37, 15 et *C.* 25, *C.* 9, 9.)

145. L'existence de la *turpitudo* était donc une question de fait qu'il appartenait au juge seul de résoudre. On comprend que sa décision pût reposer sur des motifs d'une variété infinie, et qu'il serait dès lors oiseux de chercher à énumérer. Les textes ne nous fournissent que quelques exemples de faits entraînant la *turpitudo*: ainsi la débauche et la prodigalité (*Fr.* 11. *D.* 4, 3); ainsi encore cette note frappait les personnes qui, s'étant fait représenter en justice, s'étaient par ce moyen soustraites à l'infamie proprement dite (*Fr.* 2, pr. *D.* 37, 15); ou qui s'étaient rendues coupables d'une action qui, dans la rigueur de la loi pénale, échappait à l'infamie (*C.* 25, *C.* 9, 9); — ou qui, n'ayant été reconnues coupables qu'incidemment d'un fait dont la condamnation directe entraînait l'infamie, avaient ainsi échappé à la note d'infamie proprement dite (*C.* 17, 10, *C.* 2, 12: voy. n° 63). — Mais en dehors de ces cas tout spéciaux, la *turpitudo* pouvait encore résulter d'une infinité d'autres causes, de la nature desquelles on peut se rendre compte

par les expressions qu'emploie la loi: *indignus moribus, reprehensibilis, turpiter et cum flagitiosa fœditate vivens*, — *turpis et impudica conversatio, quos vitæ turpitudo inquinat*, etc.

146. De même que les causes, les effets de la *turpitudo* étaient variables. Non qu'il n'y en eût un certain nombre que nous allons énumérer, et qui pouvaient se produire dans tous les cas et de quelque cause que la turpitude résultât; mais comme ces effets se résolvaient en incapacités juridiques, à la suite de l'appréciation du juge, il se pouvait faire qu'une même personne fût reconnue à la fois *turpis* dans une instance, et *honesta* dans une autre, et qu'ainsi sa turpitude ne produisît que des effets partiels, à la différence de l'infamie proprement dite dont l'existence était toujours légalement établie.

147. Les effets de la *turpitudo* en matière judiciaire paraissent avoir été l'incapacité de se présenter en justice pour autrui (*Fr. Vat.*, § 324), et par conséquent d'introduire une action publique (*Arg. Fr. 4, D. 47*, 23). Il est certain qu'elle empêchait l'introduction d'une action infamante contre une personne honorable (*Fr.* 11, *D. 4*, 3): cependant le droit d'accuser ne paraît pas avoir été retiré d'une manière générale aux *turpes* (*Arg. a contr. Fr. 4* et 8, *D.* 48, 2; voy. cpd. *C.* 15, *C.* 9, 1). — Le témoignage d'un *turpis* était suspect (*Fr.* 3, *pr. D.* 22, 5) et même inadmissible en certains cas. (*Fr.* 3, § 5, *in fine, ib.*; — *Fr.* 2, *D.* 1, 9). Justinien le rejeta d'une manière absolue par le chapitre 1 de la Novelle 90. — Enfin le préteur n'admettait pas aux fonctions de *judex* les personnes qui n'étaient pas d'une honorabilité parfaite. (*Arg. Fr.* 2, *D.* 1, 9; Cic. *Pro Cluent.*, ch. 43; — voy. aussi *Fr.* 12, § 1, *D.* 5, 1; *C.* 12, *C.* 12, 1.)

148. L'exclusion des dignités était la conséquence de la *turpitudo* (*Arg. Fr.* 2, *D.* 1, 9), mais cette exclusion ne

paraît être devenue générale que sous Constantin. (*C.* 2, 6, *C.* 12, 1.)

149. La *turpitudo* produisait les effets suivants sur les droits privés :

1° Elle donnait ouverture à la *querela inofficiosi testamenti*. (*C.* 27, *C.* 3, 28; voy. n° 136.)

2° Elle autorisait l'exhérédation de la personne qui menait une vie honteuse (*C.* 19, *C.* 3, 28) ou qui aurait épousé une personne *turpis*, et de l'enfant issu d'un pareil mariage. (*Fr.* 3, § 5, *D.* 37, 4, et *arg.*; cpr. *Fr.* 25 *in fine*, *D.* 23, 2.)

3° Elle pouvait être de la part de la femme contre son mari un juste motif de divorce. (*Nov.* 22, ch. 15.)

4° La *filiafamilias* pouvait se refuser aux fiançailles (et à plus forte raison au mariage) que son père aurait voulu lui faire contracter avec un individu de mauvaises mœurs. (*Fr.* 12, *D.* 23, 1; *C.* 5, *C.* 5, 1.)

150. En certaines circonstances, la turpitude portait atteinte aux droits de puissance paternelle. Ainsi :

1° Si la conduite du père est telle qu'il soit à craindre qu'il dissipe la dot de sa fille, l'action en restitution lui est refusée à la dissolution du mariage de celle-ci. (*Fr.* 22, § 6, *D.* 24, 3.)

2° Contrairement à la règle générale, et en vertu d'une décision de Constantin, le père qui, condamné à une peine capitale, aura été gracié, ne recouvrera pas l'administration des biens de ses enfants, si sa conduite pouvait faire craindre qu'il les dilapidât : ces biens resteront confiés à la gestion des tuteurs nommés aux enfants à la suite de la condamnation du père. (*C.* 13, § 2, 3, *C.* 9, 51.)

3° Si, dans une instance fondée sur l'interdit *de liberis exhibendis*, les deux parties étaient toutes deux d'une moralité contestable, et qu'il s'agît d'un enfant impubère, la cause était renvoyée à l'époque de la puberté de l'enfant. (*Fr.* 3, § 4, *D.* 43, 30.)

4° L'action d'injure, qui appartenait au chef de famille, était exceptionnellement donnée au fils, si le père menait une vie déshonnête. (*Fr.* 17, § 13, *D.* 47, 10.) — Voy. encore *C.* 6, *C.* 11, 40.

151. Enfin, on trouve encore dans les textes une disposition concernant les *turpes* en matière de tutelle. Ulpien nous dit (*Fr.* 17, § 1, *D.* 26, 2) que la caution ne doit pas être considérée comme une garantie telle qu'il ne faille pas aussi avoir égard à la moralité de la personne qui l'offre, si bien que l'administration de la tutelle devra être confiée à des personnes honnêtes alors même qu'elles se trouveraient dans l'impossibilité de fournir caution, plutôt qu'à un individu d'honorabilité douteuse qui offrirait de donner cette garantie.

152. Il est à peine besoin d'ajouter ici que si la note d'infamie faisait en général présumer la *turpitudo*, il est évident cependant que certaines des incapacités qui viennent d'être mentionnées ne devaient pas être appliquées toujours et en tous cas aux infâmes, si leur vie privée ne les rendait pas suspects d'immoralité ou de dissipation. Ainsi, par exemple, une personne infâme conservait en général l'administration des biens de ses enfants et du pupille dont elle gérait la tutelle (*Arg. Fr.* 1, § 6 *in fine* et 11, *D.* 3, 1), tandis que, comme nous venons de le voir, cette administration pouvait être retirée à une personne qui n'était que *turpis*.

153. On comprend que l'existence de la *turpitudo* constituant exclusivement une question de fait, l'époque et les modes de son extinction n'aient pu être déterminés d'une manière précise par la loi. C'était avant tout au juge d'apprécier. Dans la plupart des cas, sans doute, le retour à un genre de vie plus honnête devait faire cesser les effets que

pouvait produire la *turpitudo.* (*Arg. Fr.* 1, *pr. in fine, D.* 27, 10). Mais quand la note résultait, non du genre de vie, mais d'un fait spécial, tel que ceux indiqués au n° 145, il est difficile de dire s'il existait des moyens légaux de se laver de cette tache. Il paraît certain que la réhabilitation ne s'appliquait pas au cas de *turpitudo.* (*Arg. C.* 13, § 2, *C.* 9, 51.)

154. Citons, en terminant cette matière, quelques expressions que les textes emploient comme synonymes de *turpitudo*, dans le sens où ce mot est pris ici. On trouve alternativement: *Gravata opinio, re ipsa et opinione hominum infamiæ nota; pravitas, infamia vitæ,* et même *ignominia facti,* mais cette expression d'ULPIEN (*Fr.* 39, *D.* 47, 2) ne semble pas devoir se traduire, comme on a voulu le faire, par infamie *de* fait, mais par infamie *du* fait dont il est question dans ce texte. — Les expressions de *turpis*, *turpitudo* se rencontrent le plus fréquemment, mais elles ne doivent pas toujours être entendues dans le sens admis ici. Ainsi le *Fr.* 8, *D.* 48, 2 désigne sous le nom de *turpis quæstus,* un fait qui tombait sous le coup de la loi Julia *repetundarum*, et qui entraînait par conséquence l'infamie proprement dite; — et le § 1, *Inst.* 2, 18, comprend sous le mot *turpes* aussi bien les infâmes proprement dits que les personnes de vie déshonnête. Ce mot est encore assez généralement appliqué au métier de la prostitution, et aux prostituées elles-mêmes. (*Fr.* 43, § 4, 5, *D.* 23, 2.)

II.

„Leves notæ".

155. On traite communément sous cette rubrique de deux catégories fort distinctes de personnes qui, par leur métier

ou leur extraction, se trouvent dans une condition juridique tenant le milieu entre celle des infâmes et *turpes*, et celle dont jouissent les citoyens qui n'ont éprouvé aucune lésion dans les droits et la capacité que la loi reconnaît et confère. Ce sont d'une part les *viles*, et d'autre part les *humiles*.

§ 1. « Viles ».

156. Le Droit romain comprenait sous cette expression, les personnes libres exerçant des professions qui, d'après les idées alors reçues, devaient être abandonnées aux esclaves. Ici encore, il faut observer que la terminologie est fort peu précise, et que si le mot *vilis* est le plus souvent employé dans le sens que nous lui attribuons, on le rencontre cependant aussi dans le sens général de *turpis* (*Fr.* 11, § 1, *D.* 4, 3; *Fr.* 17, § 13, *D.* 47, 10), et que les mots *sordidus*, *abjectus*, reçoivent parfois la signification dont il est ici question.

157. Constantin, dans la Constitution 6, *C.* 12, 1, énumère les métiers considérés comme infimes et indignes d'un homme libre. Au premier rang, nous trouvons les petits marchands. On sait combien le commerce était en général méprisé et avili par les Romains. A peine considéraient-ils comme honorable le grand négoce: quant au commerce de détail, il passait pour abject. Voici comment s'exprime CICÉRON : « *Sordidi etiam portandi qui mercantur a mercatoribus, quod statim vendant*; NIHIL ENIM PROFICIUNT NISI ADMODUM MENTIANTUR. » (*De offic.*, I, 42.)

158. L'industrie était également réputée à Rome une occupation d'esclaves. Constantin ne cite expressément que les ouvriers-monnayeurs (et encore est-il douteux que ce soit là le sens de *monetarii*), et confond les autres artisans dans des expressions générales. CICÉRON (*De offic.*, *loc. cit.*) dit

d'une manière absolue : « *Opifices omnes in sordida arte versantur, nec enim quidquam ingenuum potest habere officina,* » puis il ajoute : « *minimeque artes hæ probandæ quæ ministræ sunt voluptatum, cetarii, lanii, coqui, fartores, piscatores, ut dit Terentius. Adde huc, si placet, unguentarios, saltatores, totumque ludum talarium.* » Ce qui comprend les *aleatores*. Est-il besoin d'ajouter les filles d'auberge (*C.* 29, *C.* 9, 9), et en général les *caupones*, *nautæ*, *stabularii* et *balneatores*, d'autant plus méprisés qu'ils étaient en suspicion légale de favoriser la prostitution (*Fr.* 4, § 2, *D.* 3, 2). Citons encore, avec Cicéron, les usuriers qui, comme nous l'avons vu, encouraient l'infamie proprement dite, à partir de Dioclétien (n° 105, 1°), les péagers (*portitores*), et en général tous ceux « *quorum operæ non quorum artes emuntur : est enim illis ipsa merces auctoramentum servitutis.* » Enfin, Constantin mentionne les *stationarii* : la signification qu'il faut attacher à ce mot est douteuse ; il paraît cependant probable qu'il désigne ici des employés subalternes de la police, des espions, dont le métier était donc du genre de ceux « *qui in odio hominum incurrunt* » et pour ce motif réputé misérable (« *Improbantur* » Cic., *De offic., loc. cit.*) (*Arg. C.* 1, *C. Th.* 6, 29 ; *C.* 1, *ib.* 8, 5 ; *C.* 2, *ib.* 8, 4 ; *C.* 31, *ib.* 16, 2 ; *C. Just.* 12, 23.)

159. Les *viles* étaient frappés des incapacités suivantes :

1° Constantin les exclut de toute espèce de dignités, ce qui semble prouver que cette exclusion n'était pas aussi générale avant lui. (*C.* 6, *C.* 12, 1.)

2° Ils ne pouvaient intenter d'actions infamantes contre des personnes honorables. (*Fr.* 11, § 1, *D.* 4, 3.)

3° Leur témoignage était suspect (*Arg. Fr.* 3, *pr. D.* 22, 5). Justinien le déclara inadmissible. (*Nov.* 90, ch. 1.)

4° Leur institution en qualité d'héritiers autorisait la plainte d'inofficiosité. (*C.* 27, *C.* 3, 28.)

5° Comme la note d'infamie était présumée devoir produire peu d'effet sur de pareilles personnes, le juge était autorisé à prononcer, le cas échéant, contre elles, à la place de cette note, une peine afflictive telle que l'exil (*C.* 2, *C.* 9, 44; cpr. *Fr.* 35, *D.* 47, 10). Mais ceci semble devoir être appliqué plutôt aux *turpes* qu'aux *viles.*

6° Enfin, le peu de considération dont ils jouissaient les faisait exclure de l'armée. (*Fr.* 2, § 1, *D.* 49, 16, cbn. *C. un. C.* 12, 35.)

160. Comme la note dont il est ici question ne résultait que du fait d'exercer certains métiers, il est fort probable qu'elle disparaissait si la personne ainsi notée abandonnait la profession réputée vile.

§ 2. « Humiles ».

161. Le mot *humilis* exprime, dans les textes, l'idée d'une condition sociale inférieure, abstraction faite de la moralité de la personne à laquelle il est appliqué, et désigne plus particulièrement les plébéiens par opposition aux patriciens, quelquefois aussi les affranchis par opposition aux ingénus, et dans un sens spécial, que nous avons vu au n° 130, les enfants nés de personnes exerçant une profession infâme. Mais les bâtards (*spurii*) n'étaient pas rangés dans cette classe, bien qu'on leur préférât, à choix égal, pour l'admission aux dignités, des personnes nées en légitime mariage. (*Fr.* 3, § 2, et *Fr.* 6, *pr. D.* 50, 2.)

162. Les incapacités auxquelles étaient soumis les *humiles* peuvent se résumer ainsi :

1° Ils n'étaient pas admis aux honneurs;

2° Leur témoignage était suspect (*Fr.* 3, *pr. D.* 22, 5): la Novelle 90 le repousse complètement;

3° Ils ne pouvaient intenter d'action infamante contre les personnes investies de dignités. (*Fr.* 11, *D.* 4, 3.)

Mais c'était en matière pénale surtout que la distinction entre les *humiles* et les *honestiores* avait de l'importance. Dans l'ordre de la pénalité, ils tenaient le milieu entre les *honestiores* et les esclaves. (V. *Fr.* 10, *pr.*, *Fr.* 28, §§ 2 et 16. *D.* 48, 19; Paul, *Sent.* V. 25, § 1.) Ils étaient soumis à des peines qui ne pouvaient être appliquées aux *honesti.* Telles étaient la peine des verges, la condamnation *ad opus publicum, ad opus metalli, in metalla;* la condamnation aux bêtes, la mise en croix, peine à laquelle Constantin substitua celle du gibet (*furca*). (V. *C.* 5, *C.* 2, 12; *C.* 11, *C.* 9, 41;— — *Fr.* 10, *pr.* et *Fr.* 28, § 2. *D.* 48, 19; *Fr.* 45, *D.* 47, 10; — *Fr.* 6, *pr. in fine, D.* 47, 11; — *Fr.* 38, §§ 3, 5, 7, *D.* 48, 19; *Fr.* 5, § 3. *D.* 50, 13; — *Fr.* 12, § 1. *D.* 47, 9; *Fr.* 3, § 5, *D.* 48, 8; Paul, *Sent.* V, 23, § 1.)

TABLE DES MATIÈRES.

DE LA
CONDITION LÉGALE
DES
ÉTRANGERS EN FRANCE.

INTRODUCTION.

1. On désigne sous le nom d'*étrangers* les individus qui, ne faisant pas partie d'une nation, ne sont pas admis à participer aux droits que les lois de cette nation ont établis en faveur des régnicoles.

L'extranéité est une conception du droit positif.

2. L'homme, par sa nature, est poussé vers l'association; la vie commune avec ses semblables est un de ses premiers besoins. De cette impulsion instinctive de l'homme sont sorties les premières sociétés; de ces premières sociétés, les premiers droits, car il n'est pas de société sans concessions réciproques de la part des membres qui la composent. On a donné à ces droits, dont l'homme porte en lui le sentiment inné, le nom de droits naturels.

3. Mais ces associations primitives ne pouvaient suffire à satisfaire les aspirations de l'individu. La famille, ce type des sociétés, n'est pas assez puissante pour protéger les siens contre les agressions du dehors, et pour subvenir par ses

seules forces aux besoins de ses membres. La loi naturelle ne lui offre pas de garanties suffisantes de sécurité : il lui faut, pour se développer, plus de stabilité : ces garanties, cette stabilité qui lui manquent sous l'empire du droit naturel, l'homme les cherchera en resserrant les liens de l'association. Une nouvelle société se forme, société plus étroite, plus exclusive, fondée sur des similitudes de climat, de race, de langue, d'intérêts ou de tendances des membres qui en font partie. Des lois, nées du caractère et des besoins de ces membres, inspirées par les intérêts spéciaux que l'association a pour objet de garantir, et conçues à ce point de vue *personnel*, détermineront les droits des associés, leurs obligations réciproques pour assurer secours mutuel au dedans et protection contre les entreprises du dehors. Le dehors, c'est l'étranger. — Le caractère prédominant de pareilles associations est d'être, à l'origine, égoïstes et exclusives. Nous remarquons ce caractère dans la loi primitive de tous les peuples dont l'histoire est assez jeune pour nous permettre de remonter à son origine.

Pour les Hébreux, l'étranger est synonyme d'impureté.

Les Spartiates voyaient dans les étrangers des corrupteurs, et les Romains, pendant longtemps, n'eurent pour les désigner, que le nom qu'ils donnaient à ceux avec lesquels ils étaient en guerre : l'étranger pour eux, c'est l'ennemi (*hostis*) : cette particularité résume tout le génie de la constitution de la République romaine. Et chez nous, est-il besoin de rappeler quelle était en France la condition misérable de l'étranger qui, sous le nom d'aubain, devenait la chose des seigneurs ?

4. Cet exclusivisme des législations de tous les peuples à l'égard des étrangers s'explique et se justifie. Toute société, en se constituant, détermine les conditions exigées pour être admis dans son sein. Elle en a le droit incontestable, elle en

a l'obligation, car le but qu'elle se propose, le soin de l'intérêt commun, ne saurait être atteint sans union et cohésion parfaites, et dès lors son devoir est d'exiger des garanties de tout nouvel associé. Pour qu'elle puisse prospérer, il faut que chacun de ses membres s'impose des charges dont l'ensemble assurera l'avancement du bien commun; que chacun tende vers un même but, la prospérité de la chose commune. La société léonine est aussi contraire au droit naturel qu'au droit positif. — L'étranger offrira-t-il toutes ces garanties? C'est au moins douteux. Sa position instable, qui lui permet de quitter la société en ne consultant que ses convenances personnelles, son manque d'intérêt à la prospérité de l'association—car l'intérêt de l'homme est là où sont ses affections, — ne sont pas faits pour inspirer confiance. Veut-il sérieusement faire partie de la société? Qu'il le prouve en se soumettant à un stage, en venant s'établir chez nous, et en acceptant toutes les conditions imposées à chaque associé. Quand nous serons convaincus de sa ferme intention de travailler avec nous et pour nous, nous l'admettrons définitivement dans notre sein; il sera un des membres de l'association: nous le naturaliserons. S'il ne consent pas à nous donner ces preuves et ces garanties, il ne nous est rien; nous ne lui devons qu'une bienveillance passive; nous avons même le droit de le repousser comme intrus.

5. Ainsi raisonne le Droit positif. Certes, ce raisonnement est juste, d'une justesse rigoureuse. Il a produit un grand bien à côté d'un grand mal. Il a développé au cœur de l'homme ce noble sentiment, cet esprit de famille qui, dirigeant, même en dépit des considérations d'intérêt personnel, toutes les forces, toutes les tendances, toutes les aspirations des membres d'une nation vers un but commun, la grandeur et la prospérité de l'association, de la patrie, a reçu le nom de patriotisme. Ce sentiment, à quelque point

de vue qu'on le considère, est nécessaire à la marche progressive de l'humanité : sans lui, il n'y aurait plus d'émulation, il n'y aurait plus qu'indifférence et apathie pour le bien commun ; chacun ne considérerait que son intérêt personnel. Ce sentiment jaloux est un des plus puissants instruments de civilisation : il est le ressort qui imprime le mouvement, en excitant les peuples à tendre sans cesse à se surpasser les uns les autres.

6. Mais à côté du patriotisme, et par le patriotisme même, s'élèvent les préjugés ; les préjugés nationaux, les plus fatals de tous, car ils trompent l'humanité tout entière, et retardent son avancement. Ce n'est qu'avec le temps qu'ils cèdent la place à la raison et à l'intérêt mieux entendu, et toujours on reconnaît alors combien leur trop long règne a été désastreux. Ils ne tombent chez un peuple que quand ce peuple se civilise, c'est-à-dire quand il a conscience de sa force, et je ne parle pas ici de la force brutale, qui n'est que le corollaire des préjugés. Plus un peuple a foi en sa supériorité, moins il est défiant, car quelque chose le pousse à s'épancher au dehors, et à entrer en communion avec l'humanité entière. Il y sera poussé d'abord par des considérations d'intérêts matériels, et nous trouvons ici un nouvel agent qui tend, par sa nature même, à généraliser ce que le patriotisme a préparé. Ce nouvel instrument de civilisation, c'est le commerce, instrument d'autant plus efficace qu'il sert les intérêts moraux de l'humanité, en paraissant ne servir que les intérêts matériels, qui sont les premiers, et trop souvent les seuls soucis de l'homme. Le mot *étranger*, pour le commerce, est un non-sens, et depuis longtemps déjà il a réalisé ce but que nous propose le christianisme, ce rêve des philosophes, la confraternité universelle (*Weltbürgerrecht*. Voy. KANT, *Metaphysik der Sitten*, § 62). Mais ce que le commerce a commencé, l'humanité n'est pas

prête encore à l'achever, et si ce doit être là son but, l'impulsion du patriotisme sera longtemps encore nécessaire pour y préparer les nations, avant que puisse se faire la fusion de toutes les lois positives des peuples en un ensemble qui sera le véritable droit naturel de l'homme.

7. Considérons maintenant plus spécialement la législation française. Je ne veux cependant pas entreprendre de retracer l'histoire des progrès que nos lois ont accomplis sur ce point. Cette histoire a été souvent déjà mieux et plus longuement traitée que je ne pourrais le faire ici. (Voy. surtout M. Demangeat, *Hist. de la condit. civ. des étrangers en France, dans l'anc. et le nouv. Droit.*)

8. Notre législation actuelle, on ne saurait le méconnaître, porte l'empreinte de l'époque de réaction dans laquelle elle a été conçue. La France de 1789, en revendiquant ses droits en face des abus de l'ancien régime, avait revendiqué les droits de l'humanité. Elle voulut faire participer le peuple à ses conquêtes, et le peuple, pour elle, c'étaient les habitants de l'univers. Les membres de l'Assemblée constituante, imbus des doctrines philosophiques de l'époque, voulurent les faire passer du domaine des spéculations dans celui des faits, et inscrire dans la loi ce qui n'était encore qu'un rêve de l'intelligence. Depuis un an déjà, on avait aboli tous ces priviléges odieux qui avaient trop longtemps pesé sur la nation. De la nation, on passa à l'humanité, aux membres de laquelle les portes de la France étaient restées jusque-là fermées. Ou du moins, si on consentait à les leur ouvrir, ce n'était que pour les dépouiller et pour faire peser sur eux ce droit inique, dont le langage populaire a emprunté le nom pour désigner un coup inespéré du sort. Le premier acte de l'Assemblée constituante, en faveur des étrangers, fut d'abolir (loi des 6-18 août 1790) ce dernier privilége de la royauté. Elle le fit dans les termes suivants,

qui résument les théories de fraternité universelle qui avaient cours alors :

«L'Assemblée nationale, — considérant que le droit d'aubaine est contraire aux principes de fraternité qui doivent lier tous les hommes, quels que soient leur pays et leur gouvernement; — que ce droit, établi dans des temps barbares, doit être proscrit chez un peuple qui a fondé sa constitution sur les droits de l'homme et du citoyen, et que la France libre doit ouvrir son sein à tous les peuples de la terre, en les invitant à jouir sous un gouvernement libre des droits sacrés et inviolables de l'humanité, — A décrété : Le droit d'aubaine et celui de détraction sont abolis pour toujours.» — Le décret du 8 avril 1791 ne fut que le corollaire de cette disposition générale. — Le 26 août 1792, l'Assemblée législative conférait le titre de citoyen français à dix-sept étrangers illustres, auxquels on ajouta Schiller, par une disposition additionnelle qui le désigne sous le nom de «Sieur Gille, publiciste allemand.» — Enfin, la constitution avortée du 24 juin 1793 déclarait, dans son article 4, que : «Tout étranger âgé de vingt et un ans accomplis, qui est domicilié en France depuis une année, y vit de son travail ou acquiert une propriété, ou épouse une Française, ou adopte un enfant, ou nourrit un vieillard, — tout étranger, enfin, qui sera jugé par le Corps législatif avoir bien mérité de l'humanité, — est admis à l'exercice des droits de citoyen français.»

9. Cependant, cet entraînement philanthropique ne fut pas de longue durée. Aussi bien, le temps n'était-il pas venu encore. On s'était trop hâté, et le cours des événements ne permit pas à ce premier essai de germer et de porter des fruits. Les partisans des anciennes doctrines, se sentant ébranlés par la secousse partie de la France, s'insurgèrent contre ce nouveau dogme de la souveraineté populaire. La violence amena les représailles, et à partir de 1793, nous voyons une série de

décrets édicter des mesures de rigueur contre les étrangers.

10. Quand il s'agit, en 1803, de déterminer quelle serait la condition que leur ferait le Code Napoléon, il s'était opéré dans les esprits un mouvement de réaction contre le libéralisme de 1790. L'œuvre du législateur en porte l'empreinte: on n'accorda aux étrangers que le moins possible; on leur enleva une partie des droits que leur conférait la loi du 6 août 1790; celle du 8 avril 1791 fut par le fait abrogée. On posa en principe le système de réciprocité. Or ce système, qui prédominera longtemps encore dans le Droit des gens moderne dont il est l'un des fondements, s'il est juste et rationnel en théorie étroite et rigoureuse, est, dans son application, de nature à porter entrave au progrès. Il est basé sur la crainte d'être pris pour dupe de générosité; c'est le contrat *do ut des* du Droit romain; on n'avance qu'à petits pas et par réticences; chacun ne concède que le moins possible, de peur de concéder plus que l'autre partie, en outrepassant les strictes obligations du contrat.

11. Sans doute, il est dangereux de se laisser aller en pareille matière à de pures spéculations: la réaction de 1803 l'a bien fait sentir, et c'est ici surtout que la loi ne doit être que la consécration de l'usage, l'expression du sentiment et des tendances publics, la coutume écrite. Brusquer ces tendances, ce sentiment, cet usage, c'est exposer la loi à devenir plutôt un instrument rétrograde qu'un instrument de civilisation. Son véritable rôle est ici de conquérir tous les progrès possibles et de les fixer d'une manière définitive, en leur donnant sa consécration. Mais, pour accomplir cette tâche, il ne faut pas que le législateur consulte ce qui se fait au delà des frontières; si les autres ne marchent pas, il doit leur prouver le mouvement en marchant. Considérons avant tout ce qui est juste, indépendamment de la conduite injuste ou des hésitations des autres: ce sera le vrai moyen

de faire passer ce sentiment dans l'opinion universelle, et de faire taire les intérêts personnels, toujours étroits et mercantiles, des individus ou des nations.

12. Ce beau rôle, le législateur français l'a confié à la jurisprudence : il s'est borné à établir quelques principes, conçus, il est vrai, dans des sentiments de défiance envers l'étranger ; mais ces principes, par leur généralité et le vague de leur portée, n'entravent que peu le progrès, que consacreront les arrêts en consultant nos mœurs. Car ces mœurs, l'exemple de chaque jour le démontre, sont toutes favorables au bon accueil à faire aux étrangers ; nous portons tous en nous, et sans cesse davantage, les sentiments que nos pères professaient le 6 août 1790, et nous tenons à prouver que le peuple français veut être aujourd'hui le peuple le plus hospitalier du monde.

13. Je n'examinerai dans cette étude que la condition des étrangers proprement dits, telle que l'ont faite les lois aujourd'hui en vigueur en France. Je l'envisagerai au point de vue du droit privé et du droit public. — Je ne m'occuperai pas de l'étranger admis à établir son domicile en France (C. N., art. 13); l'examen de la condition intermédiaire qui lui est faite trouve mieux sa place en tête d'un travail sur la naturalisation : je serai d'ailleurs involontairement amené, par le développement de mon sujet, à dessiner cette position. — Je ne parlerai non plus des étrangers réfugiés dont la position spéciale et les conditions sous lesquelles des subsides peuvent leur être accordés, sont réglées par les lois administratives (Règl. minist. du 30 mai 1848). J'en dirai autant des dispositions concernant les étrangers émigrants en transit (L. 18 juillet 1860), et enfin des règles admises sur le passage des troupes, question de droit international qui offre peu d'intérêt pratique en France, eu égard à la position géographique du territoire.

I.

DE LA CONDITION DE L'ÉTRANGER EN FRANCE DANS SES RAPPORTS DE DROIT PRIVÉ.

14. La condition de l'étranger en France, envisagée au point de vue du droit privé, varie selon qu'il existe ou non, entre la France et la nation à laquelle cet étranger appartient, un traité qui détermine les droits réciproques et respectifs des sujets de l'une des puissances contractantes pendant leur séjour sur le territoire de l'autre puissance.

15. Dans la première hypothèse, et aux termes de l'article 11 du Code Napoléon, « l'étranger jouira en France des mêmes droits civils que ceux qui sont ou seront accordés aux Français par les traités de la nation à laquelle cet étranger appartiendra. »

Le projet du Code civil avait dit d'une manière plus générale dans son article 4 : « L'étranger jouit en France des mêmes droits civils que ceux accordés aux Français par la nation à laquelle cet étranger appartient. »

La rédaction définitive et actuelle de l'article 11 fut proposée par le conseiller d'État Rœderer, et adoptée comme présentant sur la rédaction précédente, par la substitution de la réciprocité diplomatique à la réciprocité pure et simple, l'avantage de ne pas faire dépendre la législation française sur les étrangers de la législation particulière des nations étrangères à l'égard des Français. (LOCRÉ, *Lég.* II, p. 33, 41, 42, 211 et 286, n° 6.)

« La concession faite par l'article 11, n'ayant lieu qu'à titre de réciprocité, doit être renfermée dans les limites d'une rigoureuse égalité. En d'autres termes, elle doit être restreinte à la mesure des droits dont un Français, de condition pareille à celle de l'étranger qui se prévaut des dispositions de cet article, pourrait réclamer la jouissance en vertu de la législation du pays auquel cet étranger appartient. — Il est du reste évident qu'un étranger ne saurait, en se fondant sur l'article 11, réclamer en France la jouissance de droits plus étendus que ceux dont y jouissent, d'après la législation française, les Français qui se trouvent dans la même position que lui. » (MM. AUBRY et RAU, I, § 79.)

16. « On a examiné, disait le garde des sceaux, dans l'Exposé des motifs de la loi du 14 juillet 1819, abolitive du droit d'aubaine, si l'on abrogerait aussi cet article 11 : on n'y a vu aucun avantage. Ce que nous désirons, ce sont des étrangers qui, devenant propriétaires dans le royaume, s'y fixeront naturellement, ou apporteront des capitaux, desquels nous profiterons.... Les autres droits civils n'ont rien de commun avec celui qu'il nous est avantageux de leur restituer. Ce n'est pas par un mouvement de générosité que nous voulons effacer des différences relatives aux successions et aux transmissions de biens; c'est par calcul. »

Voilà qui est clair, et il ressort évidemment de là que l'article 11 conserve aujourd'hui encore toute sa force, bien que, depuis la loi de 1819, il soit d'une application moins fréquente.

17. Je ne m'arrêterai pas à examiner la question de savoir si le législateur a employé dans cet article les mots *droits civils* par opposition aux *droits naturels*, ou s'il a entendu exprimer les *droits privés* par opposition aux *droits poli-*

tiques. La doctrine est à peu près unanime à se prononcer dans le premier sens, et les travaux préparatoires ne sauraient en effet laisser aucun doute à cet égard.

18. L'article 11 ne réglant que la condition de l'étranger avec la nation duquel il sera intervenu un traité déterminant les droits réciproques des régnicoles respectifs, devra-t-on dénier l'exercice de tout droit civil en France aux étrangers faisant partie d'une nation avec laquelle la France n'aura pas traité à ce sujet ? Et quelle devra être la position de ceux dont la loi nationale reconnaît expressément des droits aux sujets des autres États ?

19. Plusieurs systèmes ont été proposés à ce sujet. Un premier système pose l'incapacité comme règle, et assimile l'étranger au mort civilement. Les droits de l'étranger consisteraient à n'en pas avoir, et la nomenclature de l'article 25 du Code Napoléon serait sa loi. Système évidemment trop rigoureux et contraire aux dispositions formelles du Code qui, dans ses articles 15 et 16, reconnaît à l'étranger des droits que l'article 25, dans son alinéa 6, refusait au contraire expressément au mort civilement.

Un deuxième système, tout opposé, reconnaît l'étranger capable en principe, et lui accorde tous les droits civils que la loi ne lui a pas formellement retirés. Mais ce système, par sa libéralité même, me paraît peu conforme à l'esprit qui animait le législateur de 1803. Il est d'ailleurs en contradiction avec les art. 8 et 11 du Code Napoléon, lesquels subordonnent en principe la jouissance des droits civils à la qualité de Français. Aussi, lui préférerais-je, à ce point de vue, le système que propose M. Demolombe, et qui, atténuant la rigueur du premier, reconnaît à l'étranger tous les droits qui découlent virtuellement des autres droits que la loi lui a expressément accordés. Le plus grand tort de ce système est de n'être pas, dans l'application, un guide suffisamment sûr; et bien que ce reproche puisse, à certains égards, être adressé aussi à une quatrième opinion, je n'hésite pas à me ranger à cette dernière qui, de toutes, semble être la plus conforme à la pensée du législateur. Ce dernier système se base sur la distinction entre les droits civils et les droits naturels : il réserve les premiers comme privilége aux nationaux, et n'accorde aux étrangers que les seconds. (Voy. en faveur de ce système, MM. Aubry et Rau, § 78, texte et notes 6, 11, 12 et 15; cpr. Locré, *Lég.*, I, p. 330, n° 18; p. 403-4, n° 20; II, p. 225, n° 17; p. 246-7, n° 8.)

20. Quelle que soit d'ailleurs la valeur propre de ces différents systèmes, il est remarquable que, dans l'application, ils conduisent tous à des résultats à peu près identiques. Il est, avec les plus rigoureux, des accommodements qui permettent de mitiger les conséquences trop radicales auxquelles mènerait leur stricte application, et, grâce aux concessions de ceux-ci et aux restrictions de ceux-là, leurs partisans finissent tous par se rencontrer et s'entendre, en général, sur les limites des droits qui doivent être reconnus aux étrangers d'après la loi française.

21. Ces droits seront relatifs, tantôt à la personne de l'étranger et tantôt à ses biens, et ceci nous amène à l'importante distinction des statuts, distinction fondamentale en cette matière. Je n'entends cependant pas discuter les nombreuses et difficiles questions qui se présentent dans la théorie des statuts, que je dois supposer connue, et je me bornerai à établir ici les principes indispensables à l'intelligence de ce qui doit suivre.

22. Si, d'une part, il est de règle que chaque nation, en vertu de son indépendance, possède et exerce seule et exclusivement la souveraineté et la juridiction dans toute l'étendue de son territoire, d'autre part et par voie de con-

séquence, aucun État ne peut, par ses lois, affecter directement, lier ou régler des objets qui se trouvent hors de son territoire, ni affecter et obliger les personnes qui n'y résident pas, qu'elles lui soient ou non soumises par le fait de leur naissance. (Fœlix, *Droit intern. privé*, nos 9 et 10.)

Ces deux principes renferment en germe toute la théorie des statuts ou lois qui régissent la condition d'un individu. Je n'entrerai pas dans la discussion, si vive autrefois, de la division des statuts et de la territorialité des coutumes; les débats à ce sujet sont clos depuis longtemps, et doivent se résumer dans le sens de la non-existence des statuts mixtes. On ne reconnaît plus en général aujourd'hui (voy. cpd. Fœlix, *op. cit.*, n° 20), que deux classes de statuts : le statut personnel, ou lois déterminant la condition d'un individu quant à son état et sa capacité personnelle; et le statut réel, ou lois réglant son état quant aux biens qu'il possède, qu'il acquiert ou qu'il transmet.

23. Appliquant cette division à notre matière, nous considérerons la condition de l'étranger dans ses rapports avec la loi civile : 1° au point de vue du statut personnel; 2° au point de vue du statut réel.

Toutefois notre examen, réduit à ces deux points, ne serait pas complet, et nous devrons envisager encore la condition de l'étranger dans ses rapports avec les lois applicables aux actes par lui consentis, et avec la juridiction civile, c'est-à-dire comme poursuivant ou défendant ses droits en justice. La question se trouvera ainsi ramenée à ces quatre chefs : *jus personarum*, *jus rerum*, *jus obligationum* et *jus actionum*.

CHAPITRE PREMIER.

De la condition de l'étranger au point de vue des droits inhérents à la personne.

24. Le statut personnel, ainsi que je l'ai dit déjà, est l'ensemble des lois qui règlent l'état et la capacité des personnes. La loi personnelle, suivant l'énergique expression des anciens auteurs, monte en croupe avec le cavalier, suit la personne comme son ombre, est attachée à elle comme la cicatrice l'est au corps : «*Post equitem sedet, personam sequitur sicut umbra, sicut cicatrix in corpore.*»

25. Le Code Napoléon ne règle pas, et n'avait pas à régler, en tant que loi civile proprement dite, l'état et la capacité de l'étranger en France. Dans son article 3 (al. 3) il détermine le statut personnel des Français dans les termes suivants : «Les lois concernant l'état et la capacité des personnes régissent le Français même résidant en pays étranger.»

Faut-il admettre la réciproque de cette règle, et appliquer à l'étranger résidant en France la loi de son pays d'origine, ou faudra-t-il au contraire lui refuser le droit de se prévaloir chez nous de sa loi personnelle ? On pourrait invoquer à l'appui de cette dernière opinion, comme indice des intentions du législateur, la rédaction de l'article 3 telle qu'elle existait au projet du Code, et qui était ainsi conçue : «La loi oblige tous ceux qui habitent le territoire» (Voy. Locré, I, p. 408, art. 3; cpr. *ib.* p. 380, 398 et 503, n° 9). Mais

TRONCHET fit observer que cet article, ainsi rédigé, était trop général; car, dit-il, «l'étranger n'est pas soumis aux lois qui règlent l'état des personnes» (LOCRÉ, I, p. 400). Du reste, la disparition de cette disposition dans la rédaction définitive du titre, ôte toute force à l'argument qu'on invoque. Au contraire, deux arguments militent en faveur de la première opinion. D'abord, l'observation de TRONCHET, que la section de législation du Tribunat reconnut fondée, en substituant à la rédaction du projet la rédaction actuelle de l'article 3. Puis, l'antithèse que la disposition de l'alinéa 3 de notre article forme avec les deux alinéas précédents, lesquels placent sur la même ligne les étrangers et les Français, tandis que l'alinéa en question ne parle que des Français, d'où il faut évidemment conclure qu'il n'est pas applicable aux étrangers. L'état et la capacité de ceux-ci continueront donc d'être régis, même en France, par leur loi personnelle, si bien qu'on ne pourra pas plus invoquer sur ce point contre eux une disposition de la loi française, qu'ils ne pourront l'invoquer eux-mêmes.

20. Toutefois, il n'est pas de règle sans exception, et tout en admettant le principe, je crois qu'il est conforme à l'esprit de notre législation de subordonner l'application de la loi étrangère au respect des dispositions des nos lois relatives à l'ordre public et aux bonnes mœurs. L'étranger est en effet soumis, comme le Français, à l'obligation d'observer de pareilles dispositions (C. N., art. 3, al. 1, cbn. art. 6; voy. nº 132), et les intérêts fondés sur la morale publique doivent toujours primer les intérêts purement privés. C'est par extension de cette idée que j'admettrai que l'étranger ne doit pas être reçu à invoquer sa loi personnelle contre le Français qui lui aurait fait des fournitures d'aliments nécessaires à sa subsistance. L'État lui-même est en quelque sorte intéressé ici, car il lui importe, pour sa tranquillité, qu'on

ne meure pas de faim chez lui, et le fournisseur qui aura avancé ces aliments est éminemment favorable. Mais je ne pense pas qu'on puisse aller jusqu'à étendre l'exception dont s'agit aux cas où l'application du statut personnel de l'étranger léserait tout autre intérêt privé des nationaux français. Par cela même que l'on ne reconnaît à l'étranger qu'une capacité de droit naturel, il faut appliquer ici les règles de droit naturel, et ne pas favoriser l'une des parties aux dépens de l'autre. Sans doute, il sera souvent difficile au Français de connaître, soit la nationalité même, soit la loi qui forme le statut personnel de celui avec lequel il contracte, mais je ne crois pas que la loi doive le protéger contre sa légèreté et la négligence avec laquelle il aura pris ses renseignements. «*Qui cum alio contrahit, vel est vel debet esse non ignarus conditionis ejus*» (*Fr.* 19, *D.* 50, 17). Bien entendu que s'il y avait eu mauvaise foi de la part de l'étranger, la justice ne ferait pas défaut au Français qui en aurait été victime.

Ainsi, je dis que tant qu'il n'y va pas d'un intérêt d'ordre public, l'état et la capacité de l'étranger devront être régis en France par sa loi personnelle.

Mais, qu'est-ce que l'état? Qu'est-ce que la capacité?

27. L'*état* (*status*) est la place que l'homme occupe dans la société, le rôle qu'il y joue, la condition juridique qui lui est propre; c'est l'ensemble des droits qui lui appartiennent et des obligations auxquelles il est soumis.

La *capacité*, qui n'est qu'une partie de l'état envisagé à un point de vue plus général, est l'aptitude légale d'un individu à devenir le sujet de droits ou d'obligations.

L'état d'une personne peut être envisagé au point de vue de la nationalité de l'individu, et il s'appelle alors *état politique*, ou, sous le rapport de sa condition juridique, au point de vue des intérêts privés (*état civil*). Je n'ai pas à m'occuper spécialement ici du premier point de vue, qui domine toute cette étude.

L'expression *état civil* est prise elle-même dans plusieurs acceptions, soit qu'elle désigne, dans son sens le plus large, la capacité juridique des personnes qui n'étaient pas frappées de mort civile, soit qu'elle exprime la capacité juridique dont jouissent les Français à l'exclusion des étrangers, ou enfin, l'ensemble des rapports qui existent entre un individu et une famille.

C'est l'état de l'étranger, entendu dans ce dernier sens, qui m'occupera seul ici. Je l'envisagerai successivement, en observant l'ordre même du Code Napoléon, au point de vue du mariage; de la paternité, de la filiation et de la légitimation; de l'adoption; de la puissance paternelle; de la majorité, de la minorité, de la tutelle, de la curatelle, de l'émancipation et de l'interdiction.

28. *Mariage.* — L'état de l'étranger, au point de vue du mariage, sa qualité d'époux et sa capacité de se marier en France, sont régis par la loi de son domicile d'origine. Aussi, le mariage contracté en France par un étranger serait-il nul s'il avait été contracté avant que ce dernier eût atteint l'âge requis par sa loi personnelle, alors même qu'il n'aurait pas été contrevenu aux dispositions de l'art. 144 du Code Napoléon. Ainsi encore, et nonobstant la prohibition de l'art. 147 et la disposition de la loi du 8 mai 1816, l'étranger qui se serait marié en France, conservera la faculté de divorcer ou de contracter un nouveau mariage avant la dissolution du premier, si les lois de son pays autorisent le divorce ou la polygamie; mais, d'après ce qui a été dit plus haut, ce droit sera suspendu pour lui pendant la durée de son séjour en France, car il est tenu de respecter celles de nos lois qui sont fondées sur l'ordre public.

29. Toutefois, je ne pense pas que la loi abolitive du di-

vorce, en France, soit une loi d'ordre public, en ce sens qu'elle puisse réagir sur la législation des autres États qui admettent encore ce mode de dissolution du mariage, et je crois que l'étranger, légalement divorcé dans son pays, devra être admis à contracter un nouveau mariage en France. La jurisprudence repousse cette solution, mais les motifs qui la guident sont peu concluants. Nous ne portons aucune atteinte à l'ordre public établi en France, ni à la loi personnelle du Français, en autorisant l'étranger à user d'un droit qui lui appartient, d'après sa loi d'origine, et qui appartenait incontestablement au Français, tant que le divorce fut admis par notre loi comme mode de dissolution du mariage. L'étranger divorcé dans son pays est censé n'avoir jamais été marié, et se trouve dans une situation identique à celle des Français divorcés avant la loi de 1816. Or, on n'a jamais contesté à ces derniers le droit de contracter un nouveau mariage en France, pourvu d'ailleurs qu'ils observassent les prescriptions de la loi et notamment les dispositions des articles 295 à 298 du Code Napoléon.

30. Les règles qui déterminent la capacité de la femme mariée (voy. C. N., art. 215 à 225, 905, 934, 1124-5, 1426-7, 1449, 1538, 1576) font également partie du statut personnel. Ni le mari étranger, ni sa femme, qu'elle soit d'ailleurs Française ou étrangère d'origine (C. N., art 19, al. 1), ne pourraient se prévaloir devant nos tribunaux des dispositions qui régissent à cet égard les époux français; la capacité de la femme mariée à un étranger devra être déterminée uniquement par la loi du domicile matrimonial, d'après les distinctions que nous allons établir.

31. La loi française reconnaît liberté entière aux futurs époux qui sont soumis à son empire de régler leurs conventions matrimoniales comme ils le jugent convenable,

pourvu qu'ils respectent l'ordre public (C. N., 1387), et ce n'est qu'en cas de silence absolu de leur part sur ce point, qu'ils sont présumés avoir opté pour le régime de communauté légale, tel qu'il est établi par les articles 1400 à 1496 du Code Napoléon. Mais si cette présomption s'applique dans tous les cas aux époux français, lors même qu'ils se seraient mariés (sans contrat) à l'étranger, il n'en saurait être ainsi si les époux obéissent à une loi étrangère, car la loi des époux, quant à leurs intérêts pécuniaires, fait partie de leur statut personnel. Il faut donc, pour déterminer le régime sous lequel des époux étrangers doivent être présumés mariés, examiner d'abord dans quelles conditions le mariage lui-même s'est opéré. Différents cas peuvent se présenter ici. Deux étrangers de même nationalité sont censés avoir opté pour le droit commun de leur pays, lors même que le mariage aurait été célébré en France. Il en sera de même dans le cas où la femme, Française d'origine, deviendra étrangère par le fait de son mariage (C. N., art. 19). C'est la loi de la patrie du mari qui constitue dans ce cas le droit commun. — Cependant, cette dernière solution n'est pas admise par tous les auteurs d'une manière aussi absolue : dans le cas de mariage entre Français et étranger, on décide que c'est la loi du lieu où se trouve situé le principal établissement qui devra être considérée comme la loi commune aux époux, et en cas de doute, la loi du domicile du mari. La même présomption s'applique au cas de mariage entre étrangers de nationalités différentes : ce ne sera que dans le doute sur le lieu du domicile matrimonial qu'on devra appliquer comme droit commun la loi du domicile du mari. Et cette loi devrait être appliquée alors même que la loi personnelle de l'un des époux n'admettrait pas ou prohiberait le régime en question, en ce sens du moins que ce régime ne devrait pas moins être appliqué à la détermination des droits des époux quant aux biens situés dans le pays siége du domicile matrimonial. (MM. Aubry et Rau, § 504 *bis.*)

Le régime matrimonial, une fois fixé par l'établissement du domicile matrimonial, ne peut plus être modifié par le transport de ce domicile dans un autre pays. (*Op. et loc. cit.*)

32. Quelle sera en France la position des époux étrangers en présence de l'article 1554 du Code Napoléon, si le régime sous lequel ils sont présumés s'être mariés, par application de leur statut personnel et d'après les distinctions qui précèdent, est le régime dotal? En d'autres termes, le principe de l'inaliénabilité de la dot doit-il être considéré comme faisant partie de la loi réelle ou de la loi personnelle? La jurisprudence et la majorité des auteurs décident que ce principe rentre dans le statut réel, et que dès lors les époux étrangers mariés sous le régime dotal ne pourront aliéner un immeuble dotal situé en France, lors même que la loi du domicile matrimonial ne s'opposerait pas à une semblable aliénation. Mais on ne s'est pas aperçu, en produisant ce système, des conséquences inadmissibles auxquelles il conduisait. Le principe établi par le Code Napoléon, qu'en ce qui concerne les conventions matrimoniales, la loi n'est que déclarative de la volonté présumée des parties, suppose nécessairement aux étrangers comme aux Français le droit de régler ces conventions comme ils le jugeront convenable, pourvu qu'ils ne contreviennent pas aux bonnes mœurs (C. N., 1387). Et comme, en cas de silence des parties, nous avons reconnu que leur loi devait être celle du domicile matrimonial, n'est-il pas logique d'en conclure que ce sera cette loi qui devra les régir, eux et leurs biens, et que dès lors la question d'inaliénabilité de la dot devra se résoudre par application de cette loi? Décider que ce sera la loi de la situation des biens dotaux amènerait à dire que les immeubles dotaux situés en France et appartenant à une femme étran-

gère ne pourraient être aliénés que sous les conditions et dans les cas exprimés par le Code Napoléon : ne serait-ce pas là une conséquence contraire au principe même de notre législation, qui pose comme règle de droit commun la libre disposition des biens de la femme ?

Il faut donc rejeter le système qui veut résoudre la question d'inaliénabilité de la dot, par application du statut réel. Mais doit-on alors recourir en pareil cas aux règles du statut personnel ? Je ne le pense pas davantage. Cette question est l'une de celles qui doivent se résoudre, indépendamment de toute considération de statuts, car elle n'est relative ni à l'état et à la capacité des personnes, seuls points que régisse le statut personnel, ni à la condition juridique des biens considérés en eux-mêmes, seul cas d'application du statut réel. On ne devra donc s'attacher uniquement, ni à la loi personnelle des époux, ni à celle de la situation des biens, mais tantôt à l'une, tantôt à l'autre, selon la juridiction saisie. La femme agit-elle, à l'occasion de ses immeubles dotaux situés en France, devant le juge français ? Elle pourra invoquer l'art. 1554. Sa demande relative à ces biens est-elle, au contraire, portée devant un tribunal étranger ? L'art. 1554 ne pourra être d'aucune application, et la loi étrangère devra être seule consultée pour décider la question. (MM. Aubry et Rau, § 31, note 20 ; cpr. MM. Demolombe, I, n°s 85-86, 2e édit. 1860 ; Demangeat, *Hist. de la cond. des étr.*, p. 377 à 379.)

33. Une solution analogue, fondée sur les mêmes considérations, doit être admise, s'il s'agit de l'hypothèque légale que la loi française accorde à la femme mariée, au mineur et à l'interdit, ou de l'usufruit légal dont jouissent les père et mère sur les biens de leurs enfants. On devra également considérer uniquement ici la juridiction saisie, et résoudre, d'après la distinction établie ci-dessus, ces questions [illegible]ont

été, s'il est possible, plus vivement controversées encore que celle relative à l'inaliénabilité de la dot. (Voy. et cpr. MM. AUBRY et RAU, § 31, notes 18 et 19, et § 78, notes 58 à 63; DEMOLOMBE, I, n° 88; DEMANGEAT, p. 380 à 383.)

34. *Paternité et filiation.* — L'état, et par conséquent la légitimité de l'enfant, se déterminent d'après la loi personnelle du père. La loi française ne présume pas la qualité de Français, car elle n'a pas d'intérêt à accorder le privilége de nationalité aux personnes qui, n'y ayant pas droit par leur naissance, ne le demandent pas. (Voy. C. N., art. 9 et 10; Lois des 22 mars 1849 et 12 fév. 1851.)

35. C'est également le statut personnel des parents, qui fait loi quant à la légitimation par mariage subséquent. Si donc la loi de leur pays d'origine ne reconnaît pas ce mode de légitimation, une pareille légitimation ne pourrait valablement s'opérer en France. Si les père et mère sont de nationalité différente, le statut personnel sera la loi d'origine du père de l'enfant, car c'est cette loi qui, sauf stipulations contraires, réglera l'union conjugale, ainsi qu'il a été dit plus haut.

36. Le statut personnel doit encore servir à résoudre la question de savoir si la recherche de la paternité doit être ou non permise. Mais l'exercice de ce droit ne pourra être autorisé en France, où des motifs d'ordre public ont fait interdire une pareille recherche. L'étranger ne saurait donc être admis en France à établir une enquête de ce genre, alors même que sa loi d'origine ne s'opposerait pas à la recherche de la paternité.

37. *Adoption.* — La paternité fictive qui se forme par l'adoption est régie par la loi personnelle des contractants, et aucun doute ne saurait s'élever à cet égard, au cas où le contrat interviendrait entre deux étrangers. Ce contrat sera valablement passé en France, si les parties ont observé les

formes requises par leur loi personnelle. Mais la question est plus grave, s'il s'agit de l'adoption d'un Français par un étranger, ou réciproquement, et je pense avec la majorité des auteurs et des arrêts, que l'adoption doit être en pareil cas déclarée impossible. On objecte, il est vrai, la possibilité de mariage entre étrangers et Français; mais il n'y a pas identité de raisons, et la relation entre le mariage et l'adoption n'est pas nécessaire. Tandis que l'un est de droit des gens, l'autre repose au contraire sur une fiction de droit civil pur.

38. *Puissance paternelle.*— Il ne faut, en principe, consulter que la loi personnelle du père, pour déterminer les droits et les devoirs réciproques qui dérivent de la puissance paternelle. Toutefois l'étranger ne saurait être admis à exercer, en France, sur la personne de ses enfants, des droits de correction plus rigoureux que ceux accordés par la loi française, car ce serait contrevenir à des dispositions qui intéressent l'ordre public.

Je me suis déjà expliqué plus haut (n° 33), sur la loi qui doit régir les droits de jouissance des parents sur les biens de leurs enfants.

39. *Majorité, minorité, émancipation, interdiction, tutelle, curatelle,* etc. — Nous devrons enfin nous attacher encore au statut personnel de l'individu, pour déterminer l'état et la capacité du majeur, du mineur, de l'émancipé, de l'interdit, de même que les causes, les conditions et les effets de l'interdiction et de l'émancipation. Il est bien entendu, toutefois, que si une disposition de loi étrangère, relative à l'une de ces matières, était contraire à des prohibitions fondées par la loi française sur l'ordre public et les bonnes mœurs, elle ne pourrait recevoir d'application en France.

40. On a déjà vu plus haut d'après quelles distinctions le mineur et l'interdit auront en France une hypothèque légale

sur les biens de leur tuteur. Reste une dernière question. Un étranger peut-il être nommé tuteur ou curateur d'un Français ou faire partie, en France, d'un conseil de famille. La négative doit être adoptée d'une manière absolue, en ce qui concerne les fonctions de tuteur et de membre d'un conseil de famille. La tutelle est encore dans notre Droit actuel, ce qu'elle était en Droit romain, une fonction éminemment *civile* (*munus civile*); ce n'est qu'exceptionnellement que la loi admet les femmes à la remplir; elle doit y admettre moins encore un étranger, parce qu'il n'offre pas des garanties suffisantes pour être investi d'une charge qui intéresse l'État lui-même, car elle a pour objet le gouvernement des familles. D'ailleurs, la présence du juge de paix comme chef du tribunal de famille, semble être un motif de plus d'exclure de ce tribunal, à quelque titre que ce soit, une personne étrangère à la France (M. DEMOLOMBE, I, n° 245) Les mêmes raisons s'appliquent au cas où il s'agirait de nommer un curateur aux biens d'un mineur émancipé, ou à tel autre cas où un intérêt analogue d'ordre public serait en jeu (P. ex.: L. 30 juin 1838, sur les aliénés, art. 38; C. inst. cr., 447). Mais s'il ne s'agit que de commettre une personne à la garde de biens vacants (C. N., art. 812, et aussi 1055-6, 2174; C. Pr., 996), aucun motif n'empêche d'investir un étranger d'une semblable mission.

41. *Capacité de contracter, de tester.* — On a vu, dans la définition que nous avons donnée du statut personnel, que son second objet est de déterminer la capacité des personnes, en d'autres termes, de décider si telle personne est ou non capable de passer tel ou tel contrat, si elle est habile à disposer de ses biens par testament, et la quotité de biens dont elle pourra disposer de cette manière. Je reviendrai plus spécialement sur ces points dans le chapitre III, où il sera également question des lois qui régissent les contrats

eux-mêmes. Disons seulement ici que les contractants jouissent en général de leur *autonomie* (en tant qu'il s'agit d'actes qui ne tombent pas sous l'application du statut personnel ou du statut réel, et qui ne sont pas prohibés par les lois du lieu où ils doivent recevoir leur exécution), c'est-à-dire qu'ils sont libres de contracter, de s'obliger et de disposer de leurs biens comme ils l'entendent, et d'après les règles qu'ils se seront eux-mêmes tracées, et qui deviendront la loi des parties. (C. N., art. 6 et 1134.)

CHAPITRE II.

De la condition de l'étranger au point de vue de ses droits sur les biens.

---

42. Les biens sont en général régis par la loi du pays dans lequel ils se trouvent.

L'art. 3 (al. 2) du Code Napoléon applique en ces termes ce principe aux immeubles: «Les immeubles, même ceux possédés par des étrangers, sont régis par la loi française.»

La règle s'applique moins strictement aux meubles; nous verrons cependant que ce n'est que par exception qu'on les soumet dans certains cas à la loi personnelle de celui qui exerce sur eux des droits, et qu'il serait inexact de leur appliquer cette loi toujours et indistinctement.

43. Avant d'aborder l'examen de la condition de l'étranger en France dans ses rapports avec les biens qu'il pos-

sède, qu'il acquiert ou qu'il transmet, il importe de déterminer le caractère et le fondement du statut réel.

M. Fœlix (*Dr. intern. privé*, nº 22) définit le statut réel : « les lois qui ont les choses pour objet principal, qui affectent directement les choses, qui en permettent ou en défendent la disposition, sans avoir aucun rapport à l'état ou à la capacité générale de la personne, si ce n'est d'une manière incidente et accessoire, et par voie de conséquence : comme lorsque la loi augmente ou diminue, dans des cas particuliers, le droit de disposer des choses qui appartiennent à la personne d'après l'universalité de son état. Le statut réel imprime aux choses une certaine qualité, qui réfléchit naturellement sur les pouvoirs de la personne. » En d'autres termes, et plus brièvement, « le statut réel se compose des lois qui ont pour objet direct et principal de régler la condition juridique des biens. » (MM. Aubry et Rau, § 31, p. 74.)

44. Le principe duquel découle le statut réel est celui de l'indépendance des États et de la souveraineté territoriale. Le souverain d'un État a autorité sur les choses aussi bien que sur les personnes qui se trouvent sur le territoire, et ce n'est que par une dérogation fondée sur l'utilité et la convenance réciproque des nations que les différents États ont à peu près généralement admis que la loi d'origine aurait autorité pour régler l'état et la capacité des individus. Et comme ce n'est là qu'une exception à la règle, on retourne à la règle, c'est-à-dire à l'application de la loi du territoire, dans tous les cas non expressément exceptés.

Les biens immeubles doivent donc, par leur nature même, toujours être régis par la loi du territoire dans lequel ils sont situés, et ne pourront jamais échapper à l'influence de cette loi, tandis que la personne, en vertu de conventions tacitement reconnues par la presque unanimité des nations, emporte avec elle la loi qui la régit. Admettre qu'il en serait de même pour les immeubles, et soumettre ceux-ci à la loi personnelle de l'individu qui les posséderait, serait briser l'indivisibilité de la souveraineté et porter atteinte à l'ordre public qui exige que le territoire ne soit régi que par des lois établies et reconnues par le souverain de ce territoire.

J'observerai dans l'examen des cas d'application du statut réel l'ordre suivi par le Code Napoléon, ainsi que je l'ai déjà fait en traitant, au chapitre précédent, du statut personnel.

45. *Classification des biens.* — C'est par application de la loi française exclusivement, et abstraction faite de la nationalité de la personne qui les détient, qu'on devra déterminer quels sont les biens qui, en France, sont meubles ou immeubles. Si l'on admettait un principe opposé, ce ne serait pas seulement léser la souveraineté de la nation, ce serait porter le trouble dans toute la législation, car un grave intérêt d'ordre public est ici en jeu, et l'on sait que la distinction des biens est une des bases fondamentales et le principal point de départ de toute loi positive pour déterminer, d'après cette distinction, la capacité des personnes et la validité des actes.

46. En vertu de ces considérations, on ne saurait admettre pour des biens situés en France l'application d'aucune législation qui se trouverait en désaccord, si minime qu'il fût, avec les termes et l'esprit des dispositions de la loi française relatives à la distinction et à la classification des biens, telles que les établissent les articles 516 à 543 du Code-Napoléon. Telles seraient les lois étrangères qui reconnaîtraient une catégorie de biens autres que les biens meubles et les biens immeubles (art. 516), qui n'admettraient pas l'immobilisation des meubles par suite de la destination qu'ils reçoivent (art. 522-5), qui déclareraient immeubles les rentes foncières (art. 529-530), etc.

47. J'ai dit que la distinction des biens servait de base à la détermination des droits sur ces biens. C'est ici le moment d'examiner si le statut réel s'applique indistinctement aux meubles et aux immeubles, ou si, au contraire, il ne régit que les immeubles. La loi française [illegible]able se prononcer dans ce dernier sens, et l'on serait assez fondé à dire, par argument *a contrario* de l'article 3 (al. 2) du Code Napoléon, que les meubles ne sont pas soumis au statut réel, et qu'ainsi ceux qui appartiendraient en France à des étrangers, devront être régis par la loi étrangère. Mais un pareil argument ne serait rien moins que concluant, car ce motif d'utilité et de convenance réciproque qui, comme nous l'avons dit, sert de base au statut personnel, ne se rencontre pas au même degré quand il s'agit, non de la personne, mais des biens mobiliers. Leur qualité de biens est, au contraire, une raison pour les soumettre, comme les immeubles, à la loi du territoire. Toutefois une autre considération se présente ici. La propriété mobilière est de sa nature essentiellement ambulatoire et sans assiette fixe; elle suit la personne qui la détient en quelque lieu que celle-ci se rende, et dès lors, si on leur appliquait les principes du statut réel, la loi qui régirait les meubles changerait à tout instant. Aussi, pour parer à ces graves inconvénients, pour obvier aux conséquences d'un principe qui ferait dépendre, par exemple, le sort d'une succession mobilière du pur effet du hasard, en soumettant les biens qui la composent à la loi du pays où ils se trouveraient au moment de l'ouverture de cette succession, les anciens auteurs avaient déjà admis d'une manière absolue que, par l'effet d'une fiction, les meubles suivaient la condition de la personne: *mobilia personam sequuntur, ossibus personæ inhærent,* et devaient pour ce motif être soumis aux règles du statut personnel.

En partant des deux idées qui viennent d'être indiquées,

on est amené à distinguer. Toutes les fois que la loi envisage les meubles en eux-mêmes, abstraction faite des droits dont ils peuvent être l'objet, on appliquera le statut réel, c'est-à-dire pour ceux qui se trouvent en France, la loi française, à l'exclusion de toute autre. Ces cas d'application se présenteront par exemple s'il s'agit de déterminer les effets de la possession (C. N., art. 1141) ; l'exercice du droit de déshérence (C. N., 539, 713, 768), les règles applicables à la cession et aux priviléges sur les meubles (C. N., 1690-1, 2075-6) ; à leur prescription (C. N., 2279), et aux voies d'exécution que la loi autorise à leur égard (C. Pr., 1re partie, liv. 4, t. 7, 8 et 10). — Voy. aussi, C. N., art. 2119. — On appliquera au contraire le statut personnel, c'est-à-dire la loi d'origine du détenteur, dans tous les cas où les meubles ne sont à considérer que comme un accessoire de la personne, ce qui se présente quand il s'agit d'actes de dispositions, ou de successions *ab intestat.*

48. *De la propriété et des droits qui en dérivent.* — La distinction qui précède n'est d'aucune application aux immeubles, lesquels seront régis toujours et en toutes circonstances par la loi de leur situation, tant pour fixer les règles relatives à la propriété de ces biens, que pour déterminer les droits qui découlent de cette propriété. Cette loi régira seule, abstraction faite de la nationalité du propriétaire, les modes d'acquisition, de transmission, de disposition, de saisie et d'expropriation des immeubles, et les charges dont ils pourront être grevés.

49. Quant à la capacité de l'étranger de devenir propriétaire d'immeubles situés en France, elle lui est reconnue par les articles 3, 726 et 912 du Code Napoléon et la loi du 14 juillet 1819, dont il sera question plus loin. Notre législation a même étendu cette capacité à un genre de propriété réglé par des dispositions tout exceptionnelles : je

veux parler de la propriété d'une mine. (L. 21 avril 1810, art. 13.)

50. C'est ici le cas d'appliquer la maxime: Qui peut le plus peut le moins, et il faut, sans aucune hésitation, poser en principe que si l'étranger est capable de jouir en France du droit de propriété immobilière en son entier, il devra à plus forte raison être capable de détenir à titre de simple possesseur, et d'acquérir tous les droits qui ne sont à considérer que comme démembrements du droit de propriété. Telles sont les servitudes réelles et personnelles, telle est aussi l'hypothèque conventionnelle: le droit de l'acquérir sur des biens situés en France résulte pour l'étranger du droit que lui reconnaît le Code Napoléon de devenir créancier de sujets français (art. 15, 16 et 2114). Il faut en dire autant des privilèges et de l'hypothèque judiciaire, qui sont fondés, les premiers sur la qualité de la créance à laquelle ils sont attachés (C. N., 2095); l'autre, sur la nécessité d'assurer l'exécution des jugements (2117, 2123).

51. L'étranger résidant dans une commune n'a pas droit au partage des biens communaux (Arg. L. 10 juin 1793, sect. II, art. 3). La Cour de cassation lui reconnaît droit à l'affouage (Cass. 26 fév. 1838; 23 mars 1853), mais le Conseil d'État le lui refuse (Ord. des 30 mars et 18 nov. 1846). Le droit aux futaies pour poutres destinées à l'entretien des bâtiments semble devoir découler pour l'étranger de l'article 105 du Code forestier : ce droit est d'ailleurs plutôt attaché aux bâtiments mêmes situés dans la commune qu'à la qualité de propriétaire, et doit dès lors être reconnu à tout propriétaire de maison, abstraction faite d'origine et de nationalité. Quant au droit au parcours et à la vaine pâture, la jurisprudence ne fait aucune difficulté pour l'accorder à tout étranger résidant dans la commune.

52. Si l'étranger est capable de devenir en France pro-

priétaire d'immeubles, il est à plus forte raison apte à acquérir et à posséder sur le territoire de l'Empire toute espèce de propriété mobilière. Une seule exception, fort spéciale, a été établie à cet égard par le règlement de Strasbourg, rendu par Louis XIV le 20 octobre 1682. En vertu de ce règlement, confirmé par le décret du 27 vendémiaire an II et la loi du 21 septembre 1793, aucun étranger ne peut acquérir la propriété d'un navire français. Cependant, depuis la loi du 9 juin 1845, les étrangers peuvent avoir sur un bâtiment de la marine française une part de propriété n'excédant pas la moitié de la valeur du navire.

53. L'article 3 du décret du 16 janvier 1808 reconnaît expressément aux étrangers le droit d'acquérir des actions de la Banque de France, d'où il faut conclure qu'ils peuvent également les transmettre et en disposer comme les Français, et user de la faculté accordée par l'article 7 du même décret, d'immobiliser de pareilles actions en se conformant aux formalités prescrites par cet article.

54. Il est un genre de propriété dont le principe même est encore quelquefois contesté de nos jours, et qui a toujours été soumis à une législation d'exception : c'est la propriété littéraire, artistique et industrielle. Les étrangers sont-ils admis à en jouir en France? Le droit à la propriété littéraire, dans les limites tracées par la loi française, leur a été reconnu par l'article 40 du décret du 5 février 1810, et cette disposition doit être étendue par argument d'analogie, à la propriété artistique, car nos lois n'ont jamais distingué, quant au droit de propriété, entre les œuvres d'art et les œuvres de l'esprit. C'est d'ailleurs ici une matière qui est le plus souvent régie par des conventions diplomatiques stipulant réciprocité en faveur des sujets des deux parties contractantes. Les traités de ce genre, intervenus entre la France et les différents États étrangers, sont nombreux. Le plus

ancien, portant la date du 28 août 1843, et modifié en 1846 et en 1850, a été conclu avec la Sardaigne. Le plus récent a été conclu avec la Russie le 6 avril 1861, et promulgué par décret du 22 mai de la même année.

55. Le Code pénal, dans ses articles 425, 426 et 427, ne réprimait que le délit de contrefaçon d'ouvrages français. Par une pensée généreuse, un décret du 28 mars 1852 étendit les peines prononcées par ces articles à la contrefaçon en France d'ouvrages étrangers. Ce décret est précédé d'un rapport adressé au président de la République par M. Abbatucci, ministre de la justice; voici le principal passage de ce rapport :

« Le droit d'auteur, qui consiste dans le droit temporaire à la jouissance exclusive des œuvres scientifiques, littéraires et artistiques, est consacré par la législation française au profit des nationaux, et même des étrangers relativement aux ouvrages publiés en France. Mais l'étranger, qui peut acquérir et possède sous la protection de nos lois des meubles et des immeubles, ne peut empêcher l'exploitation de ses œuvres au moyen de la contrefaçon sur le sol, d'ailleurs si hospitalier, de la France. C'est là, Monseigneur, un état de choses auquel on peut reprocher non-seulement de n'être pas en harmonie avec les règles que notre droit positif tend sans cesse à généraliser, mais même d'être contraire à la justice universelle..... Une seule condition me paraît légitime : c'est que l'étranger soit assujetti, pour la conservation ultérieure de ses droits, aux mêmes obligations que les nationaux. »

56. En ce qui concerne le droit à la propriété industrielle, il doit être reconnu avec d'autant moins d'hésitation aux étrangers, qu'en raison de la faculté qu'ils ont de faire librement le commerce en France, la loi française devait les garantir au même titre que les nationaux, contre toute usurpation

de leurs marques ou noms au moyen desquels ils font connaître l'origine des produits qu'ils mettent en vente. Comme le remarque M. DEMOLOMBE (I, n° 246 bis), les lois qui prohibent de pareilles usurpations sont des lois de police et de sûreté qui, comme telles, protégent tous les habitants du territoire, étrangers ou français (*Contra*, MM. AUBRY et RAU, § 78, 12° et notes 65 et 66). Cependant la doctrine et la jurisprudence étaient hésitantes sur ce point. Tantôt l'on décidait que l'étranger ne pouvait prétendre à la propriété de ses marques s'il n'avait été autorisé à établir son domicile en France (Cass. 14 août 1844 et 12 juill. 1848); tantôt, qu'il y avait toujours droit, alors même qu'il n'aurait en France ni résidence ni établissement de commerce; une opinion intermédiaire subordonnait le droit dont s'agit à la résidence ou à la possession en France d'un établissement commercial.

La loi du 23 juin 1857, sur les marques de fabrique et de commerce, a consacré cette dernière opinion, par les articles suivants :

« Art. 5. Les étrangers qui possèdent en France des établissements d'industrie ou de commerce, jouissent pour les produits de leurs établissements du bénéfice de la présente loi, en remplissant les formalités qu'elle prescrit.

« Art. 6. Les étrangers et les Français dont les établissements sont situés hors de France, jouissent également du bénéfice de la présente loi, pour les produits de ces établissements, si, dans le pays où ils sont situés, des conventions diplomatiques ont établi la réciprocité pour les marques françaises.

« Dans ce cas, le dépôt des marques étrangères a lieu au greffe du tribunal de commerce du département de la Seine. »

57. L'étranger a enfin la faculté de protéger en France sa propriété industrielle par le moyen des brevets d'inven-

tion, et n'est soumis, pour user de ce droit, à aucune condition particulière; il lui suffit d'élire domicile en France et de se conformer aux dispositions générales de la loi. (L. 5 juillet 1844, art. 5, 27, 28 et 29.)

58. *Modes d'acquérir et de transmettre les biens.* — Les modes d'acquérir et de transmettre les biens sont régis par la loi réelle. Sous l'empire de notre législation actuelle, l'étranger doit être admis, comme le Français, à user de tous ces moyens, qu'énumèrent les articles 711 et 712 du Code Napoléon, et auxquels il faut ajouter l'occupation, la tradition, et enfin la perception des fruits que la loi, dans son article 549, range au nombre des modes d'accession.

59. On ne discute plus guère aujourd'hui la question, autrefois si controversée, de savoir si les étrangers peuvent se prévaloir en France de la prescription. On a généralement abandonné la distinction que POTHIER avait établie entre la prescription extinctive et la prescription acquisitive. (*Des personnes*, tit. II, sect. 2, 8°). Il est évident que ce dernier mode de prescrire, que POTHIER refusait aux étrangers, est bien plus fondé sur la nécessité d'assurer la stabilité de la propriété (*ne dominia rerum in incerto maneant*), qu'il n'est une faveur accordée au détenteur régnicole, et par cela même que la loi française admet les étrangers à la propriété des immeubles, il n'y a aucun motif de fonder l'exercice de ce droit sur une distinction de nationalité.

60. Comme conséquence de l'application du statut réel en cette matière, il faut décider que l'étranger ne pourra être admis à employer d'autres modes d'acquérir et de transmettre ses biens situés en France que ceux reconnus et autorisés par la loi française, et que les dispositions qu'il ferait au sujet de ces biens contrairement aux règles établies par nos lois devront rester sans effet.

Ce qui précède pourrait suffire pour guider dans l'application des règles à suivre quand il s'agira de déterminer les droits et la capacité des étrangers pour l'acquisition et la transmission de biens situés en France. Il peut cependant se présenter en matière de successions et de donations des difficultés que je veux examiner de plus près.

61. *Successions, donations.* — Je ne dirai que quelques mots sur l'historique de la question, car une étude approfondie de la législation antérieure au Code Napoléon m'entraînerait à des développements qui excéderaient de beaucoup les limites que je dois m'imposer.

On sait quelle était, sous le régime féodal, la condition des étrangers en France. Le seigneur sur la terre duquel ils se trouvaient pouvait les exploiter à son gré : s'ils vivaient libres, ils mouraient serfs. «Se aucuns hons estrange,» lit-on dans les Établissements de Saint Louis (liv. I, § 87), «vient ester en aucune chastellenie de aucun baron, et il ne fasse sainmieur dedans l'an et le iour, il en sera esploitable au baron. Et se aduanture estoit que il morust et il n'eust commandé à rendre quatre deniers au baron, tuit se müebles seroient au baron.»

62. Ce droit des seigneurs sur les étrangers qui se trouvaient sur leurs terres était désigné sous le nom de *droit d'aubaine*, du nom d'*aubains*, que l'on donnait aux étrangers. Peu nous importe de savoir si ce nom vient du latin *alibi natus*, ou d'*Albion*, ou d'*Albani*, nom des Écossais, réputés d'humeur essentiellement voyageuse, ou d'*album* (registres de l'état civil) ou même enfin du celtique *all-bann* (autre juridiction). Toutes ces étymologies ont été successivement proposées, mais aucune n'a paru suffisamment certaine pour réunir tous les suffrages. Le droit d'aubaine se composait d'une série d'obligations et de redevances (chevage, formariage) imposées par le seigneur aux aubains. La plus importante de toutes les incapacités qui pesaient sur

l'étranger était celle de transmettre ses biens par succession: ces biens devenaient, à la mort de l'aubain, la propriété du seigneur. — Dès le treizième siècle la royauté s'arrogea ce droit de succession sur tous les étrangers qui mouraient sur le territoire du royaume sans y laisser d'enfants légitimes qui pussent leur succéder *ab intestat*, et dès lors on désigna plus spécialement par *droit d'aubaine* la dévolution au domaine royal des biens délaissés en France par ces étrangers. — Ce droit, que Montesquieu qualifiait d'*insensé* (*Esp. des lois*, XXI, ch. 17), s'adoucit peu à peu, quand les rois en furent investis à l'exclusion des seigneurs, tantôt par suite d'exemptions prononcées au profit des étrangers de certaines nations, tantôt par la substitution au droit d'aubaine du droit de détraction, ou prélèvement proportionnel d'une partie des biens délaissés par l'aubain. Si bien qu'en 1789 le revenu annuel approximatif de l'aubaine n'était plus évalué par Necker qu'à 40,000 écus. La loi des 6-18 août 1790 abolit entièrement les droits d'aubaine et de détraction, et les étrangers furent déclarés capables de succéder et de disposer en France d'une manière absolue par l'article 3 de la loi du 8 avril 1791.

63. Mais la pensée philanthropique qui avait dirigé l'Assemblée constituante (voy. le préambule de la loi de 1790, *supra*, n° 8), ne trouva pas d'écho auprès des rédacteurs du Code Napoléon. Les auteurs de la loi de 1790, disait-on, avaient compté entraîner à leur suite les autres nations, mais l'événement avait trahi leurs espérances. On proposa donc d'en revenir simplement au système de réciprocité établi déjà avant 1790 par un grand nombre de traités conclus avec la plupart des nations, et c'est ce système qui fut consacré par le Code de 1804, dans ses articles 11, 726 et 912, à la suite d'un long rapport présenté, à la demande du premier Consul, par le conseiller d'État Rœderer, sur les

conventions existantes à ce sujet entre la France et les autres États (voy. LOCRÉ, II, p. 41-2, nos 8 à 10; p. 113 à 136, et p. 210, n° 3). Ce n'était pas le rétablissement du droit d'aubaine proprement dit, car on maintint à l'étranger la faculté de transmettre ses biens *ab intestat* à ses héritiers français, et de disposer en faveur de Français par donations entre-vifs et par testament. (Voy. et cbn. art. 726 et 912.)

64. Par des considérations plus politiques que libérales, et en vue d'accroître les éléments de richesse de la France en engageant les étrangers à y apporter leurs capitaux, la loi du 14 juillet 1819, abrogeant les articles 726 et 912 du Code Napoléon, revint à la législation de 1790. (V. la discussion de cette loi dans LOCRÉ, *Lég.* X, p. 321 à 574.)

Cette loi dispose :

« Art. 1. Les articles 726 et 912 du Code civil sont abrogés; en conséquence les étrangers auront le droit de succéder, de disposer et de recevoir de la même manière que les Français dans toute l'étendue du royaume.

« Art. 2. Dans le cas de partage d'une même succession entre des cohéritiers étrangers et français, ceux-ci prélèveront sur les biens situés en France une portion égale à la valeur des biens situés en pays étranger dont ils seraient exclus, à quelque titre que ce soit, en vertu des lois et coutumes locales. »

Ainsi l'article 1 de la loi du 14 juillet 1819 a posé en principe l'égalité parfaite entre étrangers et Français quant aux droits de succéder, de disposer et de recevoir en France. Mais une dérogation à ce principe est établie par l'article 2 de la loi. Cette dérogation est juste et légitime : elle n'a d'autre objet que d'assurer, autant qu'il était au pouvoir du législateur, l'égalité de partage qui est la base de notre régime successoral. Mais comment établira-t-on le prélèvement qui devra se faire aux termes de cet article? Ce prélèvement qui, en présence des termes généraux de la loi, pourra avoir lieu tant sur les meubles que sur les immeubles appartenant en France à l'étranger de la succession duquel il s'agit, s'opérera (après réunion fictive en une seule masse de tous les biens délaissés par lui en France et à l'étranger) sur les biens situés en France, jusqu'à concurrence des droits des héritiers français sur les successions (*ab intestat* ou testamentaire, la loi ne distingue pas) dont ils sont exclus par la loi du pays où cette succession s'est ouverte. Si l'exclusion des Français ne devait profiter qu'à un ou plusieurs des héritiers étrangers, le prélèvement ne devra s'opérer que sur la part afférente à ces derniers dans les biens situés en France. — Il est d'ailleurs bien évident que le droit reconnu aux Français par l'article 2 de la loi de 1819 est un droit réel limité à la chose qui en est l'objet, et qu'ainsi, en cas d'insuffisance des biens sur lesquels le Français pourra exercer ce droit, il n'aura pas d'action contre l'héritier étranger auquel son exclusion profiterait, car la loi ne lui reconnaît aucun droit de créance sur les biens personnels de ce cohéritier.

65. Il a été dit plus haut, d'une manière générale, que les règles du statut réel devaient être appliquées aux successions et aux donations. Mais j'ai observé aussi que ce principe n'était pas admis quand il s'agissait de successions mobilières. Cette théorie, qui se fonde sur le silence même de l'article 3 (al. 2) du Code Napoléon à l'égard des meubles, est d'ailleurs à la fois conforme à l'idée qui a fait constamment assimiler la condition des meubles à celle de la personne qui les possède, et à l'esprit du Code Napoléon, dont maints passages (p. ex. art. 1422) prouvent que ses rédacteurs étaient encore imbus du vieil adage : « *Vilis mobilium possessio.* » Il serait du reste impossible d'admettre une autre doctrine sans porter une grave atteinte aux relations

internationales et à la libre circulation des richesses mobilières.

66. Mais certains auteurs ont été plus loin, et partant de l'idée que la qualité d'immeuble était absorbée par l'idée d'universalité de biens composant une succession, universalité formant un être de raison, sans assiette fixe, et intimement lié à la personne, ils en ont conclu qu'on devait appliquer à cette universalité la loi qui régissait la personne elle-même. Pour défendre cette opinion, on s'est encore appuyé sur ce que, en matière de dévolution des biens par succession, la loi n'était que déclarative de l'intention des parties, et que dès lors il fallait exclusivement consulter la loi personnelle du *de cujus*, dont on devait interpréter le silence (l'absence de testament) par une intention de soumission entière à la seule loi qu'il est présumé connaître.

Un pareil système est inadmissible, car il est formellement contraire au texte et à l'esprit de l'article 3 (al. 2) du Code Napoléon, et ce motif suffirait à lui seul pour faire rejeter en France cette opinion. Mais il y a plus. Comme l'observent MM. Aubry et Rau (§ 31, texte et note 43) et Demolombe (I, n° 91), il ne s'agit pas ici de considérer le patrimoine au point de vue idéal et abstrait, mais de régler la transmission des immeubles eux-mêmes ; or, cette transmission est subordonnée dans chaque État à des considérations politiques qui doivent primer toutes autres considérations : on ne saurait, par exemple, admettre en France l'application d'une loi qui ne consacrerait pas le principe de l'égalité du partage posé et poussé à ses extrêmes limites par le Code Napoléon. Déjà le Droit germanique appliquait exclusivement la loi réelle en pareille matière : *Erbe nimmt man nach des Landes Recht, und nicht nach des Mannes Recht.* (Miroir de Saxe.)

67. Il faut donc dire d'une manière absolue que toutes les règles établies par la loi française en matière de succes-

sion *ab intestat* immobilière devront toujours être intégralement observées, sans pouvoir jamais être modifiées par des considérations reposant sur la nationalité du défunt. Je citerai, entre autres, les règles relatives au partage et à ses effets, au rapport, au paiement des dettes, aux soultes ou retours, aux demandes en rescision, réduction et nullité, aux formalités prescrites aux héritiers bénéficiaires pour la vente des immeubles de la succession, à la déchéance du bénéfice d'inventaire, de même que les dispositions qui s'appliquent au retour légal établi par l'article 747, au retrait successoral, aux substitutions et à la fixation de la quotité disponible.

68. Toutes ces règles doivent être appliquées si absolument qu'on ne saurait admettre l'opinion qui ne considère l'incapacité de succéder qui frappe l'enfant naturel sous l'empire du Code Napoléon, que comme une disposition de la loi personnelle des Français et qui, à ce titre, ne serait pas applicable aux étrangers. L'argument tiré de la place qu'occupe l'article 908 n'est rien moins que décisif, et la circonstance qu'à défaut de parents légitimes, l'enfant naturel recouvre une capacité entière (art. 758), ne saurait permettre de douter que le législateur français a statué bien moins dans une idée de défaveur attachée à l'état de bâtardise, qu'en vue d'assurer la conservation des biens dans la famille légitime.

69. Les solutions qui précèdent doivent être également appliquées aux donations entre-vifs et aux testaments, en tant qu'il s'agit de déterminer les conditions de validité auxquelles sont soumises de pareilles dispositions, eu égard à leur substance, c'est-à-dire à l'objet sur lequel elles portent. C'est ainsi que les biens situés en France ne pourront échapper aux règles établies par les articles 913, 915 et 944 du Code Napoléon. Nous examinerons au chapitre suivant quelle loi devra être consultée pour déterminer la validité extrinsèque

des actes de disposition, et la capacité du disposant et de la personne avantagée.

CHAPITRE III.

Des lois qui déterminent la capacité de la personne et la validité des actes passés par un étranger.

§ 1. De la capacité personnelle des contractants.

70. La capacité, que j'ai définie: l'aptitude légale d'un individu à devenir le sujet de droits ou d'obligations, est, comme l'état des personnes, régie par le statut personnel. Aucun doute ne peut s'élever à cet égard en France, en présence de la disposition finale de l'article 3 du Code Napoléon. Je me suis déjà expliqué sur la seule exception dont cette règle me paraît susceptible. (N° 20.)

71. La capacité de l'étranger en France se détermine donc d'après sa loi d'origine. Si cette capacité a été modifiée par un jugement prononcé contre l'étranger, ce jugement devient constitutif de l'état de la personne qui l'a subi; il fait partie à l'avenir de la loi personnelle de l'individu qui l'a encouru, et l'étranger continuera d'être soumis, en France, aux incapacités résultant de ce jugement. Ainsi, par exemple, l'étranger qui aurait été placé en état d'interdiction par jugement valablement rendu par un tribunal de son pays, ne

sera pas relevé, par le fait de son passage en France, des conséquences qu'entraîne l'interdiction d'après sa loi personnelle. Toutefois le Français qui, en pareil cas, aura traité de bonne foi avec lui, ne devra pas souffrir de cette situation exceptionnelle de l'étranger, car on ne peut exiger de lui qu'il recherche si la capacité de la personne avec laquelle il contracte n'a pas été modifiée par quelque cause accidentelle.

Les articles 2123 du Code Napoléon et 546 du Code de procédure civile, qui n'attribuent, en France, de force aux jugements rendus à l'étranger, qu'autant que ces jugements ont été déclarés exécutoires par la juridiction française, ne sont pas applicables ici, car il ne s'agit pas d'exercer des droits qui ne peuvent être accordés que par le souverain du territoire, mais simplement d'invoquer une incapacité qui, du jour où elle a été régulièrement prononcée, a instantanément diminué la personne juridique de l'individu.

Au contraire, si on voulait s'armer en France d'un pareil jugement pour exercer sur la personne de l'étranger une contrainte matérielle, si, par exemple, on voulait faire placer dans un établissement d'aliénés situé en France, un individu déclaré interdit pour cause de démence par jugement d'un tribunal étranger, ce jugement devrait préalablement être déclaré exécutoire sur le territoire de l'Empire. (MM. AUBRY et RAU, § 31, texte et notes 33 à 37.)

§ 2. Des lois qui régissent les actes passés par un étranger.

72. On distingue communément en cette matière quatre sortes de formalités, auxquelles on a donné les noms de formalités *habilitantes*, *intrinsèques*, *extrinsèques* ou *probantes* et formalités *d'exécution*. (MERLIN, Rép., v° Lois, § 7; DALLOZ, Rép., v° Lois, n°s 427 et suivants; M. DEMOLOMBE, I, n° 105).

Ces expressions, un peu barbares, demandent à être expliquées.

I. On entend par *formalités habilitantes* celles qui ont pour objet de compléter la capacité d'une personne, de rendre capable l'individu que la loi déclare incapable par état. Telle est l'autorisation du mari ou de justice (C. N., 215, 217, 218), du tuteur ou du conseil de famille (art. 450 et suivants); l'assistance du curateur (art. 482) ou du conseil de la mère tutrice (art. 391), etc. Il est évident que pour déterminer ces formalités, on ne devra consulter que la loi personnelle du contractant, et qu'une femme étrangère pourra, par exemple, passer valablement en France tel acte dont nos lois déclarent incapable la femme française non autorisée, si la loi d'origine de l'étrangère n'exige pas cette formalité préalable; tandis que, d'autre part, l'aliénation ou la donation consentie à l'étranger par une femme française non autorisée par son mari ou par justice serait nulle de nullité radicale. (Voy. C. N., 217.)

II. Les *formalités intrinsèques*, sont celles qui constituent l'essence de l'acte, les conditions sans lesquelles il ne peut exister, ni par conséquent produire effet. Ainsi, il ne peut y avoir contrat de vente sans une chose et un prix, ni contrat de société, s'il n'y a pas intérêt commun. La loi qui devra être consultée pour déterminer ces formalités ne sera pas toujours la même. En général, ce sera la loi du lieu où l'acte est passé, car on présume que dans le silence des parties, elles ont entendu se soumettre à la loi en vigueur au lieu du contrat. C'est par application de cette règle, qu'un contrat passé en France par un étranger produira tous les effets attachés par la loi française à un acte de cette nature, et que l'étranger pourra ainsi se prévaloir notamment de tous les modes d'extinction établis par l'article 1234 du Code Napoléon.

Nous avons vu cependant (nº 31) que, quand il s'agit de déterminer la loi qui doit régler la position des époux quant à leurs biens, et, par conséquent, suppléer au [illegible] de mariage, les futurs époux sont présumés [illegible] pour la loi du domicile matrimonial.

La règle qui présume que les parties ont voulu se conformer à la loi du lieu du contrat, perd également de sa force, si ce n'est que par occasion, par cas fortuit, que l'acte a été passé dans ce lieu, sans intention des parties d'y revenir jamais; la loi à laquelle le contrat devrait être soumis dans un cas semblable, ne pourra être déterminée que d'après les circonstances qu'il appartiendra au juge d'apprécier.

Enfin, on s'attachera à la loi personnelle de chaque partie, pour déterminer la capacité du créancier et du débiteur, du gratifiant et du gratifié (C. N., art. 3, al. 3); à la loi de la situation de l'objet au moment du contrat, pour juger de la validité des dispositions d'un acte portant sur cet objet (art. 3, al. 2); à la loi du lieu où l'acte devra recevoir exécution, pour apprécier si telles clauses sont contraires à l'ordre public ou aux bonnes mœurs. (Art. 3, al. 1; art. 6, 791; 1130, al. 2.)

III. On appelle *formalités extrinsèques* ou *probantes* celles qui, constituant la forme extérieure de l'acte, ont pour objet de constater, soit que les formalités intrinsèques et habilitantes ont été remplies, soit les stipulations mêmes intervenues par suite du concours de ces dernières formalités. Telles sont l'authenticité donnée à un acte, l'intervention des personnes capables de lui imprimer ce caractère, l'apposition au bas de l'acte de la signature de ces personnes, etc. Pour juger si ces formalités ont été remplies, on consulte la loi du lieu où l'acte a été passé : *Locus regit actum.*

Le projet du Code Napoléon (art. 5, faisant suite aux trois

dispositions formant l'art. 3 actuel; voy. Locré, I, p. 380), contenait, à ce sujet, un article ainsi conçu : « La forme des actes est réglée par les lois du lieu dans lequel ils sont faits ou passés. » Cette disposition n'a pas été maintenue dans la rédaction définitive de l'art. 3 du Code Napoléon, parce que l'on a craint qu'elle ne pût donner lieu à de fausses interprétations, par suite de confusion entre les formalités extrinsèques et les formalités habilitantes. Mais le principe n'en fut pas moins reconnu et admis par les rédacteurs du Code, et la règle *locus regit actum* a été expressément consacrée par les art. 47, 170 et 999.

Par application de cette règle, on devra donc consulter la loi du lieu où l'acte a été passé, pour apprécier la validité extrinsèque d'un contrat, d'un acte de l'état civil, d'une donation ou d'un testament. Et il n'y a pas lieu de distinguer ici entre les actes authentiques et les actes sous seing privé. Malgré les puissantes considérations qui militent en faveur de l'opinion contraire, je ne pense pas que l'on doive porter atteinte à la généralité de la règle, pour le cas, par exemple, où un acte, pour lequel la loi française exige la forme authentique, pourrait être valablement passé sous seing privé à l'étranger. Ce n'est ici qu'une question de forme, qui ne préjuge nullement la validité du fond même de l'acte.

La règle dont il est question, peut être invoquée en France par les étrangers comme par les Français, et, par application de cette règle, nous déciderons, par exemple :

1° Qu'un étranger peut valablement se fonder, devant les tribunaux français, sur un acte sous seing privé de reconnaissance d'enfant naturel, intervenu en sa faveur, pourvu qu'il justifie qu'un pareil acte, passé dans cette forme, est valable au lieu où il a été fait;

2° Qu'il pourra également, sous la même condition, invoquer, pour le faire valoir sur des biens situés en France, un acte de donation ou un testament faits sous seing privé, de même que tel acte sous seing privé que ce soit, quelque irrégulière qu'en puisse être la forme, au point de vue de la loi française (cpr. C. N., 1325 et 1326), et sauf la disposition de l'art. 2128 du Code Napoléon.

Mais il y a plus. L'étranger devra être admis à produire, devant le juge français, tous les moyens de preuve établis par la loi du pays où la convention est intervenue, et notamment la preuve testimoniale, même pour un objet excédant la valeur de 150 fr. (cpr. C. N., art. 1341), si, au lieu où le contrat a été passé, ce moyen de preuve est admis, nonobstant tout écrit, pour des choses d'une valeur supérieure à cette somme. Mais il n'en est pas de même des présomptions, et l'étranger ne pourrait en invoquer d'autres que celles admises par la loi française. On n'y a, en effet, recours qu'à défaut de preuves concluantes, et en ce qui concerne les présomptions légales surtout, le juge ne peut être tenu d'admettre pour vrai que ce que la loi de son pays lui impose de croire.

IV. Les *formalités d'exécution* sont celles qui sont requises pour qu'un acte, parfait en soi, puisse être exécuté. Ce n'est que si l'exécution d'un acte entraîne des voies de contrainte sur les personnes ou sur les biens que ces formalités sont requises, et dès lors il est naturel d'exiger qu'elles soient remplies d'après les formes prescrites par la loi du lieu où l'exécution doit s'opérer, car elle ne peut être faite que par l'entremise des agents ou des officiers ministériels auxquels pouvoir a été délégué à cet effet par le souverain.

Dans les cas ordinaires, tous actes sont exécutoires en France par eux-mêmes, à la condition de se conformer, sauf stipulation contraire intervenue entre les parties, à la loi en vigueur sur le territoire quant aux effets qu'entraînera l'exécution. Cependant une question se présente ici. Nous avons vu que les étrangers pouvaient se prévaloir en France de la prescription tant acquisitive qu'extinctive. Qu'arrivera-t-il si le débiteur étranger, actionné en France pour l'exécution de son obligation, se prétend libéré par la prescription? Quelle loi faut-il consulter pour apprécier si cette allégation est fondée, en d'autres termes pour examiner si le laps de temps exigé pour la prescription de l'obligation est accompli? On a tantôt proposé d'appliquer la loi du domicile du créancier, tantôt celle du domicile du débiteur, tantôt celle du juge saisi, tantôt celle du lieu où l'obligation a pris naissance, tantôt enfin celle du lieu où le paiement doit s'effectuer. Je ne discuterai pas ces différentes opinions: le doute n'existe d'ailleurs sérieusement qu'entre la loi du lieu où l'acte a été conclu et celle du domicile du débiteur. On admet généralement et avec raison que la préférence doit être donnée à cette dernière loi, car «quand on excipe de la prescription, on n'attaque pas le contrat en lui-même; on le reconnait bon et valable dans son essence; on soutient seulement que le créancier ne vient pas dans le temps fixé par la loi du débiteur, ce qui ne donne pas atteinte au titre en soi, mais à l'action qui est un nouvel acte et qui ne concerne que *modum procedendi*» (BOULLENOIS, II, p. 530, cité par DALLOZ, v° Lois, n° 444). On peut ajouter à cette observation, en réponse aux partisans du système qui veut appliquer la loi du créancier, que la prescription est une mesure de protection pour le débiteur, mesure à laquelle celui-ci ne peut renoncer, ce qu'il ferait s'il consentait à se soumettre à une autre loi que sa loi personnelle. L'argument qui consiste à dire que la prescription étant une peine prononcée contre le créancier, c'est la loi du lieu où le paiement doit être fait qui doit déterminer la durée de la prescription, car c'est là, ajoute-t-on, que le créancier se rend coupable, ne repose que sur une considération secondaire, qui fait perdre de vue à ceux qui l'invoquent la nature et l'objet de la prescription. En admettant même cette argumentation, on devrait plutôt s'attacher à la loi du lieu où le créancier doit *demander* le paiement, qu'à celle du lieu où il doit le *recevoir*. (MM. Aubry et Rau, § 31, notes 64 et 65, et § 78, 6°.)

Pour en revenir aux formalités d'exécution, la loi française n'accorde d'hypothèques aux jugements rendus à l'étranger qu'autant qu'ils ont préalablement été déclarés exécutoires par un tribunal français (C. N., art. 2123). « Les contrats passés en pays étranger ne peuvent donner d'hypothèque sur les biens de France, s'il n'y a des dispositions contraires à ce principe dans les lois politiques ou dans les traités. » (C. N., art. 2128; voy. aussi C. de pr., art. 546.)

Les dispositions de ces articles soulèvent des questions dans l'examen desquelles je ne veux pas entrer, car elles n'intéressent qu'indirectement la condition des étrangers en France.

CHAPITRE IV.

De la condition de l'étranger devant les tribunaux français.

A. Étranger demandeur contre un Français.

§ 1. For compétent.

73. « Un Français pourra être traduit devant un tribunal de France pour des obligations par lui contractées en pays étranger, même avec un étranger » (C. N., art. 15). Cette disposition est logique, elle est juste, et a l'avantage de

constituer une faveur pour l'étranger sans préjudice aucun pour le Français. Les tribunaux français sont en effet les juges naturels du Français. Pour l'étranger demandeur, la faveur porte sur ce qu'un jugement rendu en France produira immédiatement plein et entier effet et sera aussitôt exécutoire sur tout le territoire de l'Empire.

74. Le droit d'actionner en France son débiteur français existe pour l'étranger quelle que soit la source d'où l'obligation dérive. Les mots *obligations contractées* qu'emploie notre article doivent être étendus à l'hypothèse où le lien qui lie le Français à l'égard de l'étranger serait né d'un quasi-contrat ou d'un délit; pourvu d'ailleurs que le droit que l'étranger invoque soit de nature à donner lieu à une action d'après la loi française.

75. On a soulevé la question de savoir si le droit de plaider contre un Français ne devait pas être suspendu quand la nation de l'étranger demandeur est en guerre avec la France. La négative ne saurait être douteuse: décider autrement serait vouloir violer à plaisir le principe de droit international en vertu duquel la guerre est une lutte entre souverains et non entre particuliers. L'arrêté du 19 messidor an XI sur lequel s'appuient les partisans de l'affirmative a été une disposition de rigueur contre les nationaux anglais, disposition exceptionnelle qui ne saurait servir de base à l'opinion que soutiennent ceux qui invoquent cet arrêté.

76. Tout en accordant à l'étranger le droit d'assigner un Français devant nos tribunaux, le législateur a dû assurer en retour à ses nationaux des garanties contre la position particulière de l'étranger qui, n'étant retenu en France par aucun lien, pouvait, s'il perdait le procès qu'il avait engagé, se soustraire aux conséquences du jugement en quittant le territoire de l'Empire. — De là, le droit du Français défendeur, d'exiger caution de l'étranger demandeur.

§ 2. De la caution à fournir par l'étranger demandeur.

(*Cautio judicatum solvi.*)

77. «En toutes matières autres que celles de commerce, porte l'article 16 du Code Napoléon, l'étranger qui sera demandeur sera tenu de donner caution pour le paiement des frais et des dommages-intérêts résultant du procès, à moins qu'il ne possède en France des immeubles suffisants pour assurer ce paiement.»

L'article 166 du Code de procédure civile développe cette disposition en ces termes: «Tous étrangers demandeurs, principaux ou intervenants, seront tenus, si le défendeur le requiert, avant toute exception, de fournir caution de payer les frais et dommages-intérêts auxquels ils peuvent être condamnés.» Et l'article 167 du même Code ajoute: «Le jugement qui ordonnera la caution fixera la somme jusqu'à concurrence de laquelle elle sera fournie; le demandeur qui consignera cette somme, ou qui justifiera que ses immeubles situés en France sont suffisants pour en répondre, sera dispensé de fournir caution.»

78. Les dispositions de ces articles demandent, pour être bien comprises, quelques développements. Et d'abord, par qui la caution dont s'agit est-elle due? L'article 166 du Code de procédure répond: «*Par tous étrangers demandeurs, principaux ou intervenants.*» D'où il résulte que cette caution ne saurait être exigée:

1° D'un Français, lors même qu'il serait cessionnaire d'un étranger;

2° D'un étranger admis à établir son domicile en France. Le droit de plaider doit être considéré comme un droit civil, dont cet étranger devra dès lors être admis à jouir sans entraves, en vertu de l'article 13 du Code Napoléon;

3° Spécialement, et en vertu de dispositions établies par des traités diplomatiques (cpr. C. N., art. 11), les sujets suisses et sardes sont dispensés de fournir la caution *judicatum solvi.* (Convent. du 18 juillet 1828 (ord. du 31 déc. 1828), art. 2 ; traité du 24 mars 1760, art. 22.)

4° Sont enfin dispensés de fournir cette caution, tous étrangers défendeurs. Ceci n'a pas besoin d'être justifié : c'était déjà admis par l'ancienne jurisprudence, qui se fondait avec raison sur ce que le demandeur est libre d'agir, mais que le défendeur ne l'est pas : quand on l'attaque, il se défend, et la loi ne doit pas y porter d'entrave. Il faut en pareil cas considérer comme défense l'exercice du droit d'appel, la demande d'exécution d'un titre paré (C. Pr., 545, 547), la demande reconventionnelle et la demande en nullité d'une saisie ou d'un emprisonnement.

79. La caution ne peut donc en aucun cas être exigée que de *l'étranger demandeur*. Mais aucune exception n'est faite ici, ni quant à la qualité de l'étranger : les souverains et ambassadeurs étrangers y sont soumis comme les simples particuliers ; ni quant à l'origine de l'extranéité : peu importe qu'il s'agisse d'étrangers de naissance ou d'ex-Français devenus étrangers par naturalisation, par mariage ou autrement (voy. art. 17, 21, C. N.). Mais au contraire, la femme étrangère, qui aurait épousé un Français, devenant Française par suite de ce mariage (C. N., 12), ne saurait être tenue de fournir cette caution. — La circonstance que l'étranger demandeur n'agirait que comme cessionnaire d'un Français, ne le décharge pas de l'obligation qui lui est imposée par l'article 16 du Code Napoléon : c'est la condition du plaideur, ce n'est pas l'origine de la créance donnant lieu à la demande que la loi considère ici.

« Demandeurs *principaux ou intervenants*, » dit l'article 166 du Code de procédure. Le demandeur principal est celui qui introduit l'instance. C'est pour ce motif que, par argument *a contrario* de notre article, l'étranger qui agit par l'un des moyens indiqués au numéro précédent, 4°, n'est pas soumis à l'obligation de fournir caution, car les demandes dont s'agit ne sont pas introductives d'instance.

Pour que la caution puisse être exigée d'une partie intervenant dans l'instance, il faut que l'intervenant agisse en qualité de *demandeur*, ce qui n'est pas toujours le cas. « Il l'est (demandeur) quand il vient soutenir le demandeur contre le défendeur, ou former une demande, soit contre le demandeur principal seul, soit contre les deux parties, auquel cas il doit caution ; mais il ne la doit pas quand il vient soutenir le défendeur, parce qu'il représente celui-ci. » (PIGEAU, Pr. civ., I, p. 210.)

80. La caution est due par l'étranger demandeur au Français défendeur. Elle est due également si le défendeur est un étranger qui jouit du bénéfice de l'article 13 du Code Napoléon. Mais est-elle due d'étranger à étranger ? On invoque pour l'affirmative la généralité des termes de la loi, et en second lieu l'identité de motifs; enfin, l'ancienne jurisprudence.

La généralité des termes de la loi! Mais il résulte bien formellement de la discussion qui eut lieu au conseil d'État, que les art. 14, 15 et 16 du Code Napoléon forment un ensemble qu'il faut combiner; dans les deux premiers articles, l'étranger est toujours mis en opposition au Français, et à l'occasion de l'art. 14, TRONCHET avait déclaré que le législateur ne s'était occupé que de la manière de décider les contestations entre Français et étrangers, et non des procès entre étrangers. Et dans la même séance, le ministre de la justice disait que la caution *judicatum solvi* était indispensable, comme « garantie du *citoyen* qui plaide contre un étranger. »

L'argument qui se fonde sur les usages de l'ancienne jurisprudence n'est d'aucune valeur, car POTHIER nous dit (*Des personnes*, Titre II, sect. 2, 2°, *in fine*) : « Lorsque deux étrangers plaident ensemble, si le défendeur exige la caution du demandeur, il ne peut l'y faire condamner, qu'il ne l'offre respectivement de son côté. » Tels étaient les errements de l'ancienne jurisprudence, qui traitait, comme on voit, les étrangers entre eux sur un pied de parfaite égalité, et avec raison. Car l'identité des motifs que l'on invoque, en troisième lieu, pour décider autrement, cette identité n'existe pas. L'avocat-général Quénault l'a prouvé victorieusement devant la Cour de cassation (aff. Picola, 15 avril 1842), dans des termes que je veux reproduire :

« L'opinion, disait-il, qui restreint, en faveur des Français, le bénéfice de la caution *judicatum solvi*, ne s'explique pas seulement par la protection et la faveur accordées aux nationaux; elle se justifie par la différence qui existe entre la situation du Français et celle de l'étranger plaidant en France. Le Français offre, dans les liens de toute nature qui l'attachent à la France, une prise et des garanties à son adversaire. L'étranger qui, s'il perd son procès, peut se soustraire à l'exécution des condamnations prononcées par un tribunal français, en se retirant dans sa patrie, ne présente, au contraire, aucune sûreté. Il était juste de rétablir une sorte d'égalité entre les situations des deux parties, en obligeant l'étranger à donner une garantie aux Français, qu'il attaque devant la juridiction française. Mais entre deux étrangers, plaidant l'un contre l'autre, la même inégalité de situation n'existe pas. Si le demandeur peut quitter la France après avoir perdu son procès, il y a même raison de craindre que le défendeur condamné ne cherche aussi à éviter l'exécution des condamnations contre lui prononcées. La différence qui résulte de la qualité de demandeur opposée à celle de défendeur, suffirait-elle pour motiver, lorsque les deux parties sont, à tous autres égards, de même condition et sur la même ligne, l'application exclusive contre l'une d'elles, d'une mesure aussi rigoureuse que celle de fournir la caution *judicatum solvi?* Nous ne le pensons pas. En effet, parcourons les hypothèses qui peuvent servir à faire apprécier la position de l'étranger plaidant contre un étranger en France. Ou bien la demande formée devant les tribunaux français y sera incompétemment portée, et il suffira au défendeur étranger de décliner la juridiction française : dans ce cas, qui sera le plus fréquent, le défendeur n'aura pas besoin du secours extraordinaire de l'exception *judicatum solvi*, ou bien l'action sera compétemment portée par un étranger devant la juridiction française, soit que l'action concerne un immeuble français, soit qu'il s'agisse, comme dans l'espèce, de la répression et de la réparation d'un délit commis en France, et imputé à un prévenu trouvé en France : dans ce cas, il y a nécessité pour l'étranger plaignant de former sa demande devant la juridiction française. L'étranger, placé sous le poids de cette nécessité, n'est-il pas aussi favorable que le défendeur, et ne serait-il pas injuste de lui imposer, comme condition de l'exercice de son action, une obligation à laquelle son adversaire, étranger comme lui, ne serait pas soumis? »

81. La caution est due par l'étranger demandeur *en toutes matières autres que celles de commerce* (C. N., art. 16). Elle pourra donc être demandée en matière criminelle, correctionnelle ou de police, et en matière administrative. Elle pourra l'être en justice de paix. Le défendeur pourra l'exiger quelle que soit la quotité de la demande objet du litige, et quelle que soit la nature de cette demande : ainsi la circonstance que l'instance a pour objet la fourniture d'une pension alimentaire ne décharge pas l'étranger demandeur de l'obli-

gation de donner caution. La loi ne distingue sur aucun de ces points.

82. La caution *judicatum solvi* ne peut être exigée en matière commerciale (C. N., art. 16; C. pr., art. 423). Cette exception tient tant à la faveur qui est dué aux relations commerciales qu'à la modicité des frais et à la célérité exigée dans ces sortes d'instances. L'ancienne jurisprudence décidait déjà ainsi. La cause ne perd pas son caractère commercial, et la caution ne pourrait être exigée si, dans le cours d'une instance devant la juridiction consulaire, les parties étaient renvoyées devant la juridiction civile pour vider une question incidente, telle qu'une vérification d'écriture. (Metz, 26 mars 1821.)

83. La caution *judicatum solvi* doit être *demandée* par le défendeur (C. pr., art. 166), d'où il faut conclure que dans aucun cas le juge ne pourra l'exiger d'office. Cette demande s'introduit sous forme d'exception. Ici se présente une question sur laquelle on est loin d'être d'accord, et qui naît de la combinaison des articles 166, 169 et 173 du Code de procédure. — D'après le premier de ces articles, la caution doit être demandée «*avant toute autre exception.*» — L'article 169 exige de son côté que l'exception de renvoi pour incompétence soit proposée préalablement «*à toutes autres exceptions et défenses,*» et l'article 173 dispose à son tour que «toute nullité d'exploit ou d'acte de procédure est couverte si elle n'est proposée *avant toute défense ou exception autres que les exceptions d'incompétence.*» Comment faire accorder ces trois dispositions qui semblent se heurter? Plusieurs systèmes ont été proposés. Quelques auteurs assignent le premier rang à l'exception d'incompétence, et décident que l'exception de caution pourra encore valablement venir en troisième ordre. D'autres sont d'avis de se conformer à l'ordre matériel dans lequel sont placés les articles,

de telle sorte que, pour n'être pas couvertes, les exceptions devraient être opposées dans l'ordre que voici : 1° caution (art. 166); 2° incompétence (art. 169); 3° nullités (art. 173). Ce système est certainement préférable au premier. Mais ne serait-il pas plus simple et plus logique, en présence de l'obscurité de la loi, d'admettre la concurrence entre les trois exceptions et de décider que l'opposition de l'une ne saurait couvrir les deux autres? La question, fort discutée en théorie, paraît du reste offrir peu d'intérêt pratique, et se présenter rarement devant les tribunaux.

84. On discute également la question de savoir si le défendeur qui aura négligé de demander la caution en première instance est encore recevable à le faire en appel. La négative n'est pas douteuse si une pareille demande tendait à faire garantir les frais de première instance. Mais il me semble que la solution contraire est plus exacte s'il ne s'agit que des frais d'appel : la loi ne peut en effet exiger du défendeur qu'il prévoie l'appel et qu'il prenne ses dispositions en conséquence dès l'origine de la contestation. Il se peut d'ailleurs que, l'appel ayant évidemment pour effet d'augmenter les frais, le défendeur n'ait plus en la solvabilité du demandeur la confiance qu'il avait en première instance.

85. La caution est ordonnée par jugement, lequel doit fixer la somme jusqu'à concurrence de laquelle elle sera fournie (C. pr., 167). Cette somme devra être suffisante pour assurer «le paiement des frais et dommages-intérêts résultant du procès» (C. N., 16). L'étranger n'est donc pas tenu de fournir caution pour le principal de la demande, et avec raison, car si cette demande est mal fondée, l'étranger n'aura rien à recevoir; si elle est bien fondée, c'est le Français défendeur qui en devra payer le montant. — On devra d'ailleurs observer ici les règles de droit commun relatives

au cautionnement. (Voy. C. N., art. 2011 et suiv., et spéc. art. 2040-2 ; C. pr., art. 517 à 522.)

86. L'étranger demandeur est dispensé de fournir caution dans deux cas :

1° S'il consigne la somme fixée par le jugement, en vertu de l'art. 167 du Code de procédure ;

2° S'il justifie que ses immeubles situés en France sont d'une valeur suffisante pour répondre de la somme fixée par le jugement qui prononce sur la demande de caution (C. N., 16 et 2041 ; C. pr., 167). Mais ce serait ajouter aux dispositions de la loi que d'autoriser le défendeur à prendre une inscription hypothécaire sur ces immeubles.

Enfin, il semble que l'étranger devra encore être libéré de l'obligation de garantir le paiement des frais, si le défendeur se reconnaît envers lui débiteur de sommes suffisantes pour les couvrir : la caution serait en pareil cas sans objet. (Merlin, *Rép.*, V° *Caut. j. solvi*, § 1, n° 16.)

B. Étranger défendeur contre un Français.

---

§ 1. For compétent.

87. Il a été jusqu'ici question de l'hypothèse où l'étranger agirait devant les tribunaux français comme demandeur contre un Français, et nous avons vu qu'à cet égard l'article 15 du Code Napoléon n'a fait que consacrer les règles de droit commun. Il n'en est pas de même dans l'hypothèse inverse. En vertu de l'article 14 du même Code, « l'étranger, même non résidant en France, pourra être cité devant les tribunaux français pour l'exécution des obligations par lui contractées en France avec un Français ; — il pourra être

traduit devant les tribunaux de France pour les obligations par lui contractées en pays étranger avec un Français. »

De toutes les dispositions des Codes français relatives à notre matière, l'article que je viens de transcrire témoigne le plus vivement de l'esprit dans lequel le législateur a conçu les règles déterminant la condition de l'étranger en France. Cette disposition — je parle spécialement de la dernière partie de l'article 14, — est tellement exorbitante que les nations qui ont calqué leur loi civile sur le Code Napoléon, et celles même qui se sont appliqué purement et simplement ce Code, n'ont pas cru devoir la maintenir dans leur législation. En dehors du Code français, qui a été conservé tel quel, après la séparation, par la Belgique et la Hollande, une disposition analogue ne se trouve que dans les lois des Deux-Siciles et d'Haïti. Or, le Code des Deux-Siciles a cessé aujourd'hui d'être en usage, et quant à celui d'Haïti, on admettra sans peine que si la disposition que je critique s'y trouve inscrite, cela offre peu d'inconvénients pratiques.

C'est donc, on peut le dire, contre la France seule qu'est dirigée la disposition suivante de l'art. 31 du Code sarde : « Les étrangers qui auront contracté, en pays étranger, avec un sujet, pourront être cités devant les tribunaux des États, s'ils s'y trouvent : *ils pourront aussi l'être, quoiqu'ils ne s'y trouvent pas, si, dans leur pays, on en use ainsi envers les étrangers.* Dans ce dernier cas, la connaissance de la contestation sera réservée au sénat, dans le ressort duquel le demandeur sera domicilié. »

88. On comprend la double disposition de l'art. 14, dans le cas où il s'agit de l'engagement contracté par un étranger domicilié ou résidant actuellement en France; la première partie de l'article s'explique encore à la rigueur, alors même que l'étranger ne serait ni domicilié, ni résidant; mais dans cette hypothèse, il nous paraît difficile de justifier la deuxième

disposition de cet article. Dans le projet du Code, cette dernière partie de l'article 14 était ainsi rédigée :

« *S'il* (l'étranger) *est trouvé en France*, il peut être traduit...., etc. » Mais ces mots, qui sauvaient la disposition, ont été rayés à la suite d'une conférence entre le Conseil d'État et le Tribunat.

Voyons les motifs allégués pour justifier la disposition finale de l'art. 14, telle qu'elle est rédigée au Code Napoléon.

89. Le plus sérieux de ces motifs est qu'un jugement rendu en pays étranger n'est pas exécutoire par lui-même en France, et qu'ainsi le Français qui l'aurait obtenu serait armé d'un droit sans force, et obligé, de toute manière, de venir faire valider ce droit par un tribunal français. Mieux vaut, a-t-on pensé, autoriser le Français à saisir immédiatement la juridiction de son pays. Sans doute, mais le législateur a introduit ainsi dans nos lois une exception au principe, admis de tous temps et par toutes les nations, que le demandeur est attiré devant la juridiction du défendeur, principe que consacre l'art. 59 (al. 1) du Code de procédure; exception d'autant plus inutile qu'il résulte d'une saine interprétation de l'art. 121 de l'ordonnance de 1629, qui a encore force de loi en cette matière, que le jugement rendu à l'étranger, au profit d'un Français, n'exige, pour devenir exécutoire en France, qu'une simple formalité; exception d'autant plus dangereuse, qu'elle a provoqué d'autres nations à édicter contre les Français des dispositions semblables par voie de rétorsion.

90. On a dit encore, pour justifier la dernière partie de l'art. 14, qu'il serait difficile, quelquefois impossible pour le Français, d'obtenir justice en pays étranger. Un pareil considérant peut servir de base à une loi de circonstance, mais il est indigne d'étayer une disposition de loi générale. Cette

supposition, toute gratuite, et peu courtoise à l'égard des juridictions étrangères, ne met-elle pas en suspicion l'impartialité de tous les magistrats, français comme étrangers? Et, d'ailleurs, n'entraîne-t-elle pas des conséquences contraires à toutes les règles du droit? Il est inexact de dire que le souverain ne doit justice qu'à ses sujets ; déjà l'ancienne jurisprudence avait rejeté cette idée. Justice égale est due à tous ceux qui se sont mis, eux et leurs biens, sous la protection du souverain. Or, qu'arrivera-t-il, par suite de l'application de l'art. 14?

Qu'un jugement, rendu le plus souvent par défaut, contre un étranger, en faveur d'un Français, demandeur devant le juge français, à l'occasion d'un engagement contracté en pays étranger, aura pour effet de frapper d'hypothèque les immeubles que l'étranger posséderait en France, et de permettre la saisie de tous les meubles appartenant à l'étranger sur le territoire de l'Empire. Or, je demanderais volontiers quel est l'étranger qui n'a pas aujourd'hui en France une partie quelconque de sa fortune?

On a craint la partialité des tribunaux étrangers, et par un sentiment exagéré de protection des nationaux, on a introduit dans nos lois une disposition impolitique, irrationnelle, qui prive les étrangers de la protection qu'ils ont droit de réclamer de nous pour leurs biens situés sur le territoire, disposition qui ne peut que provoquer des mesures rétorsives de la part des nations, et de la méfiance de la part des nationaux étrangers.

91. On a dit, enfin, que l'art. 14 n'était que la contrepartie de l'art. 15, et qu'il ne faisait qu'accorder aux Français un droit accordé, par ce dernier article, aux étrangers.

Cette argumentation est-elle bien sérieuse? L'art. 15, je l'ai dit, ne fait que consacrer les règles de droit commun, et s'il accorde à l'étranger le droit d'assigner un Français devant les tribunaux de l'Empire, ce droit ne présente aucun inconvénient pour le Français, au contraire; car si nous appliquons à cette hypothèse l'un des motifs allégués pour justifier l'article 14, il faudra dire que, grâce à l'article 15, le Français est plus sûr d'obtenir justice! La faveur accordée à l'étranger par l'article 15 est donc toute négative.

92. Voyons maintenant quelques-unes des conséquences de la disposition que je critique dans l'article 14.

En présence de la généralité des termes employés par le législateur, on est évidemment autorisé à dire que l'article 14 est applicable alors même que le Français est lui-même établi en pays étranger. La Cour de Paris, par un sentiment d'équité fort naturel, avait reculé devant cette interprétation de l'article (Paris, 28 février 1814, aff. Straulino; 20 mars 1834, aff. Bertin c. princesse Bagration). « Appliquer, disait ce dernier arrêt, cet article du Code civil en pareille circonstance, ce serait pour ainsi dire tromper les étrangers qui, traitant avec des individus établis en leur pays, n'ont pas dû penser qu'ils s'exposeraient à être appelés devant les tribunaux français, ce qui serait plus nuisible qu'utile aux Français. » Mais la Cour de cassation, gardienne de la loi, n'a pas pensé que la rigueur des termes de l'article 14 pût se concilier avec des considérations puisées dans l'équité; par arrêt du 26 janvier 1839, elle cassa l'arrêt de la Cour de Paris dont je viens de citer un des considérants.

93. Il y a plus. On est allé jusqu'à soutenir qu'un Français plaidant contre un étranger pouvait, après avoir saisi le tribunal de l'étranger, venir, soit pendant le cours de cette instance, soit à son issue, saisir de nouveau, de la même affaire, un tribunal français. Et pourquoi non? Ce droit ne résulte-t-il pas, pour le Français, sinon des termes, du

moins de l'esprit de l'art. 14? On a même prétendu que cet article établissait une disposition d'ordre public, à laquelle il n'était pas permis au Français de renoncer. D'où cette conséquence, qu'un Français aurait pu rendre un procès interminable, en épuisant d'abord tous les degrés de juridiction du for de l'étranger, puis venir en France, en agir de même à l'occasion de la même affaire, devant les tribunaux français.

Dans la pratique, on n'a pas osé aller jusque-là, et la Cour suprême décide que le Français peut renoncer expressément ou tacitement au bénéfice de l'art. 14, et qu'alors il est non recevable à venir saisir le juge français, s'il a succombé devant la juridiction étrangère (Cass., 15 nov. 1827; 14 février 1837; 24 février 1846). Il appartient au juge saisi de décider s'il y a eu renonciation.

Il va sans dire d'ailleurs que s'il s'agit, non d'actions litigieuses, mais de mesures purement conservatoires, la disposition de l'article 14 n'offre pas les mêmes inconvénients, et que le Français pourra, en pareil cas, être admis à agir simultanément en France et à l'étranger pour sauvegarder ses droits sur les biens que l'étranger posséderait dans les deux pays.

94. Autre difficulté. Un Français pourra-t-il user du bénéfice de l'article 14, s'il est, non pas créancier direct, mais cessionnaire d'une créance qu'un étranger avait contre l'étranger défendeur?

La solution affirmative de cette question est presque généralement admise quand il s'agit d'effets commerciaux susceptibles d'être cédés par voie d'endossement ou par tout autre moyen en usage dans le commerce. On se fonde sur la nature essentiellement transmissible et négociable de ces effets, et l'on dit que le souscripteur de pareils effets a dû d'avance se soumettre à toutes les conséquences que les endossements successifs pourraient entraîner. La jurisprudence paraît s'être arrêtée à cette opinion. Je préférerais cependant la solution contraire. L'article 14 est unique en son genre dans la législation des nations européennes ; il renferme une disposition exorbitante ; il semble donc que son application ne doive être autorisée de nos jours qu'avec une extrême mesure. Cette application présenterait surtout des inconvénients en matière commerciale, où à côté de la célérité dans les transactions et de l'universalité dans les usages et la législation, doit régner la bonne foi. Or, de bonne foi, l'étranger tireur d'une lettre de change dans une colonie des Indes sur un autre étranger établi dans ces colonies, peut-il être tenu de prévoir l'endossement de son effet à un Français, et être présumé avoir accepté les conséquences qu'entraînerait contre lui l'application de l'article 14, alors que la législation de la nation à laquelle il appartient, de même que celle de l'immense majorité des autres nations civilisées, suivent, en matière commerciale comme en matière civile, la règle : *Actor sequitur forum rei?* N'y aurait-il pas là aggravation des conditions du contrat ? modification dans les clauses tacites du pacte ? et enfin, attribution au cessionnaire de plus de droits que n'en avait l'étranger cédant ? C'est par cette dernière considération surtout que la doctrine et la jurisprudence admettent généralement qu'en matière civile l'article 14 ne saurait être invoqué par le Français cessionnaire d'un étranger. On se fonde également, pour décider ainsi, sur ce que les termes de l'article 14 supposent des obligations contractées *directement* par l'étranger défendeur envers le Français demandeur. Toutefois, si l'étranger cédé résidait ou était domicilié en France, l'article 14 devrait, je pense, recevoir son application.

95. Du reste, l'article 14, non plus que l'article 15, ne doit être limité aux obligations résultant d'un contrat : il

embrasse également dans son application les engagements qui se forment sans convention et les délits. Il peut être invoqué par l'étranger naturalisé Français pour des faits antérieurs à la naturalisation; par l'étranger admis à établir son domicile en France; par la veuve d'un Français ou ses héritiers, contre des cohéritiers étrangers, de même que par les associés français contre leurs co-associés étrangers, par l'enfant naturel né en France contre la femme étrangère contre laquelle il veut intenter une action en recherche de maternité. Enfin, les héritiers étrangers d'un Français devront être admis à poursuivre en France l'instance engagée par leur auteur devant nos tribunaux contre un étranger, mais ils ne pourraient introduire eux-mêmes cette instance.

De même que l'article 15, l'article 14 ne s'applique qu'en matière personnelle et mobilière; en matière immobilière, c'est le juge du lieu de la situation qui reste seul compétent. (C. N., art. 3, al. 2; C. pr., art. 59, al. 3.)

96. Par application du principe énoncé dans l'article 11 du Code Napoléon, la disposition de l'article 14 ne peut être invoquée par un Français contre un citoyen suisse. Car, aux termes de l'article 3 de la convention conclue entre la France et la Confédération helvétique, le 18 juillet 1828 (promulguée par ordonnance du 31 décembre de la même année): « Dans les affaires litigieuses, personnelles ou de commerce, qui ne pourront se terminer à l'amiable sans la voie des tribunaux, le demandeur sera obligé de poursuivre son action devant les juges naturels du défendeur, à moins que les parties ne soient présentes dans le lieu même où le contrat a été stipulé, ou qu'elles ne fussent convenues de juges par devant lesquels elles se seraient engagées à discuter leurs difficultés. »

Une disposition analogue, mais moins générale, se rencontre dans un traité encore en vigueur intervenu le

11 janvier 1787, entre la France et la Russie. Voici comment s'exprime l'article 16 de cette convention: «Dans le cas où il s'élèverait des contestations sur l'héritage d'un Russe mort en France, les tribunaux du lieu où les biens du défunt se trouvent, devront juger le procès suivant les lois de la France.» Et cela sans distinction: que la contestation s'élève entre un Russe et un Français ou entre deux Russes; qu'elle porte sur des meubles ou sur des immeubles. Aux termes de l'article 7 du même traité, en cas de contestation entre deux sujets de l'une des puissances contractantes, si l'une des parties ne consent pas à soumettre la contestation au consul de sa nation, elle pourra s'adresser aux tribunaux ordinaires du lieu de sa résidence, et toutes les deux seront tenues de s'y soumettre. (FŒLIX, *Droit intern. privé*, n° 123, p. 193, et n° 129, p. 199.)

97. L'article 14 peut-il être invoqué si le débiteur qu'il s'agit d'assigner est un souverain ou un gouvernement étranger? Cette question me paraît devoir se résoudre par une distinction. Si le souverain a contracté en son nom personnel, il est à considérer comme simple particulier, et devra, comme tel, subir les conséquences du droit que l'article 14 accorde aux sujets français. Si, au contraire, ce n'est pas le prince, mais la nation que lui ou son gouvernement a représentée au contrat, qui est débitrice du Français, celui-ci est censé s'être soumis, comme le disait la Cour de cassation, dans un arrêt rendu le 22 janvier 1849, en faveur du gouvernement espagnol, «aux lois, aux modes de comptabilité et à la juridiction administrative ou judiciaire de ce gouvernement.» Enfin, en vertu de la fiction d'exterritorialité, l'application de l'article 14 ne peut porter atteinte aux biens situés en France, des agents diplomatiques accrédités près du gouvernement français.

Du reste, pour vider les contestations du genre de celles

dont il est question dans ce numéro, on emploiera utilement la voie diplomatique. (Arg., décret du 13 vent. an II, reproduit au n° 140, 2°, *infrà.*)

98. Il nous reste à voir, pour terminer l'examen de la théorie de l'article 14, quels sont le tribunal devant lequel l'assignation devra être faite, et le mode de citation. — Si l'étranger est domicilié ou réside en France, il n'y a pas de difficulté : l'instance devra être portée devant le tribunal du lieu de ce domicile ou de cette résidence (C. de proc., art. 59, al. 1). Mais si l'étranger réside hors de France, il faut décider, en présence du silence que garde à ce sujet l'article 14, que le choix du tribunal appartient uniquement au Français demandeur, qui ne sera tenu, ni de s'adresser aux juges du ressort de son propre domicile, ni à ceux du lieu où se trouveraient les intérêts de l'étranger défendeur, ni à ceux du lieu du contrat. Ici encore l'article 14 offre prise à la critique, car son silence sur ce point semble autoriser le Français, non-seulement à ne consulter que son propre intérêt, mais même à agir dans son choix, dans un sentiment de malveillance à l'égard de l'étranger. On a vu que l'article 31 du Code sarde, transcrit plus haut (n° 87) et rédigé dans un esprit de rétorsion contre la France, est dans ce cas moins rigoureux envers l'étranger (le Français) défendeur, car il désigne expressément le tribunal devant lequel, dans l'hypothèse qui nous occupe, l'assignation devra être donnée.

Si l'étranger n'a en France ni domicile ni résidence connus, l'exploit d'assignation doit, en vertu de l'article 69, 9°, du Code de procédure, être déposé au parquet du procureur impérial près le tribunal où la demande sera portée : ce magistrat visera l'original, et en enverra copie au Ministre des affaires étrangères.

§ 2. De la contrainte par corps contre les étrangers.

99. Cette partie de notre sujet, régie successivement par le décret du 24 ventôse an V abrogeant le décret du 9 mars 1793, abolitif de la contrainte par corps, par la loi du 14 floréal an VI (v. aussi L. 15 germ. VI), et par celle du 10 septembre 1807, l'est aujourd'hui par les titres III et IV de la loi du 17 avril 1832, combinés avec certaines dispositions de la loi du 13 décembre 1848 qui rétablit l'exercice de la contrainte par corps suspendu par le décret du 9 mars de la même année. Enfin, la disposition de la loi du 2 mai 1861, modifiant l'article 29 de la loi de 1832, doit être également observée en matière de contrainte par corps contre les étrangers.

100. La loi de 1832 a beaucoup adouci les dispositions des lois antérieures que j'ai citées, et notamment de la loi de 1807. La loi de 1848 a encore augmenté le nombre de ces dispositions plus favorables. Ce n'est pas dire cependant que tout soit fait. Il n'est pas de matière de notre droit qui ait subi des attaques et des critiques plus rudes et plus fréquentes que la législation de la contrainte par corps. Tout en ne se rangeant ni au nombre de ses adversaires, ni parmi ses défenseurs, il faut reconnaître que, le principe étant admis, il est non seulement utile mais indispensable que le législateur rende l'exercice de la contrainte par corps plus facile contre l'étranger que contre le régnicole. Si, dans l'état actuel de nos mœurs, l'abolition de la contrainte par corps à l'égard du national offrait peut-être peu d'inconvénients, elle en présenterait de grands si elle était étendue au profit des étrangers. La position, en effet, est loin d'être la même. Le régnicole offre à ses créanciers d'autres prises que la contrainte sur sa personne; il est attaché au pays par des intérêts multiples et de diverse nature, qui rendent peu pro-

bable, et le plus souvent même peu praticable sa fuite dans l'intention d'échapper au paiement d'une dette; il est, en un mot, sous la main de ses créanciers. L'étranger non établi en France (et nous verrons que ce n'est qu'à lui que s'appliquent les dispositions plus rigoureuses de la loi) ne donne au contraire au créancier français aucune garantie, car rien ne l'attache au territoire de la France, qu'il peut quitter quand bon lui semble; c'est dès lors à bon droit que le législateur donne aux nationaux des moyens de protection contre les entreprises d'hommes «qui pourroient, à leur advantage, sucer le sang et la moëlle des François, puis les payer en faillites.» Voyons quels sont ces moyens que la loi met aux mains du créancier français.

101. «Tout jugement qui interviendra au profit d'un Français contre un étranger non domicilié en France emportera la contrainte par corps, à moins que la somme principale de la condamnation ne soit inférieure à cent cinquante francs, sans distinction entre les dettes civiles et les dettes commerciales.» (L. 17 avril 1832, art. 14.)

La première partie de cet article est la reproduction textuelle de l'article 1er de la loi du 10 septembre 1807. La loi nouvelle (1832) limita cette disposition, trop rigoureuse dans sa généralité, en subordonnant le droit de contrainte à un jugement portant sur une somme d'au moins cent cinquante francs en principal. Mais la disposition ainsi adoucie diffère encore sous plusieurs rapports des règles applicables en pareil cas aux Français :

1° En matière de contrainte par corps contre un débiteur français, la loi distingue entre les dettes civiles et les dettes commerciales. Les premières ne comportent ce mode d'exécution que si elles s'élèvent à la somme de trois cents francs (C. N., 2065) ; les secondes, si elles portent sur une somme dont le minimum est fixé à deux cents francs *en principal*. (L. de 1832, art. 1; cpr. C. N., art. 2065.)

2° Notre article dit: *Tout jugement... emportera...* Il résulte de ces mots que la contrainte par corps contre les étrangers en faveur des créanciers français est de droit commun. Peu importent les causes qui entraînent le jugement contre l'étranger: celui-ci est contraignable par corps du moment qu'un Français obtient contre lui une sentence judiciaire portant sur une somme de cent cinquante francs ou au-dessus, en principal. Ce droit résulte pour le Français du jugement lui-même: la loi n'exige pas que le juge se soit formellement prononcé à ce sujet. — Au contraire, s'agit-il d'exercer la contrainte par corps contre un Français? Cette voie d'exécution devra être autorisée expressément par le juge, sur les conclusions formelles de l'adversaire; et elle ne pourra être accordée en matière civile que dans les cas strictement déterminés par la loi. (C. N., art. 2059 à 2063, 2067; L. 13 décembre 1848, art. 2; C. de proc., art. 126, 534, 683, 712, 740; L. 17 avril 1832, art. 1 et arg.; art. 8 à 11.)

102. La disposition de l'article 14 de la loi de 1832 (de même que celles des articles dont il sera question plus loin), dérogeant aux règles établies par le législateur en matière de contrainte par corps ordinaire, ne peut être appliquée hors des cas prévues par cet article. Il en résulte qu'elle ne pourrait être invoquée par un étranger contre un autre étranger, et que dans le cas où ceux-ci se seraient soumis à la législation française, ils devront, pour l'exercice de la contrainte par corps, suivre les règles de droit commun. — Il en résulte encore que ces dernières règles devront seules être suivies si la contrainte par corps est demandée par un Français contre un étranger admis à établir son domicile en France. (*Arg. a contr.*, art. 14 de la loi de 1832.)

103. Mais deux questions se présentent ici.

1° Le Français cessionnaire d'un étranger pourra-t-il invoquer contre l'étranger cédé les dispositions exceptionnelles de la loi de 1832? J'ai déjà examiné une question analogue qui se présente à l'occasion de l'article 14 du Code Napoléon (n° 94). On pourrait fonder la solution négative de la question actuelle sur les motifs déjà donnés plus haut à l'occasion de cette première question. Cependant, les termes de la loi ne me semblent pas autoriser pour le présent cas une solution identique. Tandis que l'article 14 du Code Napoléon ne parle que d'obligations contractées *avec* ou *envers* un Français, l'article 14 de la loi de 1832 est beaucoup plus général, et dit simplement : *Tout* jugement qui interviendra *au profit d'un Français* contre un étranger... On ne saurait tirer de cette phrase le fondement d'une distinction entre les créanciers cessionnaires et les créanciers directs.

2° L'étranger qui jouit du bénéfice de l'art. 13 du Code Napoléon n'est pas compris, avons-nous dit, au nombre des étrangers soumis par l'art. 14 de la loi de 1832 à la contrainte par corps exceptionnelle. Mais pourra-t-il, comme créancier d'un étranger non domicilié, profiter du droit que cet article accorde aux Français? La doctrine et la jurisprudence se prononcent presque unanimement pour la négative, en se fondant sur ce que le législateur ne parle que *d'un Français* (art. 14), du *créancier français* (art. 15). Cette argumentation ne me paraît pas concluante, car ces termes de la loi ne préjugent nullement la solution de la question.

L'art. 13 du Code Napoléon a introduit dans notre droit un privilége général en faveur de l'étranger admis à établir son domicile en France : or, il est bien évident que cet article peut être invoqué ici, car le droit dont il s'agit est *civil* et non *politique*. Pourquoi accorderait-on à l'étranger domicilié le droit exorbitant (et personne ne le lui conteste) d'exiger de l'étranger non domicilié la caution *judicatum solvi*, et lui refuserait-on le droit pour ainsi dire corrélatif dont il est ici question? Les motifs sont les mêmes : la protection due aux Français et à ceux que la loi leur assimile. Or, quant aux droits civils, l'assimilation entre le Français et l'étranger domicilié est parfaite.

104. Poursuivons l'examen des dispositions applicables aux étrangers en matière de contrainte par corps.

Ni le Code Napoléon, ni la loi de 1807 n'avaient fixé de terme à la durée de la contrainte par corps. Elle était donc perpétuelle sous l'empire de cette dernière loi, ou du moins ne cessait que quand le débiteur incarcéré était entré dans sa soixante-dixième année (Arg., art. 2066, C. N.). La loi de 1832, par son art. 17, fit cesser les conséquences rigoureuses de ce silence de la loi : elle assigna pour limites à la contrainte par corps contre les étrangers, les termes de 2 à 10 ans, tant pour dettes commerciales que pour dettes civiles, suivant l'importance de la somme due. Mais, ici encore, l'étranger était moins favorablement traité que le Français, lequel ne pouvait être incarcéré pour une dette commerciale que pendant une durée de 1 à 5 ans, suivant la quotité de cette dette (L. 1832, art. 5), et en matière civile, pendant 1 à 10 ans, suivant les circonstances qu'il appartenait au juge d'apprécier. (L. 1832, art. 7.)

La loi du 13 décembre 1848 a fait disparaître sur ce point toute différence entre étrangers et Français. Elle dispose d'une manière générale, dans son art. 12, que «dans tous les cas où la durée de la contrainte par corps n'est pas déterminée par la présente loi, elle sera fixée par le jugement dans les limites de 6 mois à 5 ans.» — Mais, par argument de cette disposition combinée avec l'art. 14 de la loi de 1832, on ne peut appliquer aux étrangers l'art. 4 de la loi de 1848, en vertu duquel le minimum de l'emprisonnement est fixé, en matière commerciale, à 3 mois. Nous savons, en effet, que la loi de 1832 ne distingue pas entre les dettes commerciales et les dettes civiles contractées par les étrangers : la disposition de faveur de l'article dont s'agit ne peut donc leur profiter.

105. La loi affranchit de la contrainte par corps les étrangers comme les Français dans les cas suivants :

1° S'ils sont entrés dans leur soixante-dixième année; mais ce bénéfice d'âge ne peut être invoqué par les stellionataires. (L. 1832, art. 18, al. 1 et 2, cbn. art. 4 et 6; — cpr. C. N., art. 2066.)

2° Les femmes et filles étrangères, s'il s'agit de dettes civiles, le cas de stellionat excepté. (L. 1832, art. 18, al. 3; cpr. art. 2, 1°.)

3° Si le débiteur étranger est mari, femme, ascendant, descendant, frère ou sœur, oncle ou tante, grand-oncle ou grand' tante, neveu ou nièce, petit-neveu ou petite-nièce, ou allié au même degré du créancier français qui a obtenu le jugement. (L. 1832, art. 19, cbn. L. 1848, art. 10.)

4° Enfin, les étrangers profitent encore de la disposition suivante de l'article 11 de la loi de 1848 : « En aucune matière la contrainte par corps ne pourra être exercée simultanément contre le mari et la femme, même pour des dettes différentes. Les tribunaux pourront, dans l'intérêt des enfants mineurs du débiteur et par le jugement de condamnation, surseoir pendant une année au plus à l'exécution de la contrainte par corps. » (Cpr. L. 1832, art. 21.)

106. La loi ne s'occupe pas du mineur étranger. Faut-il en conclure que la contrainte par corps peut être décernée contre lui? Je ne le pense pas. Dans le silence de la loi de 1807, on appliquait aux étrangers comme aux nationaux

les exemptions d'âge établies par l'article 2066 du Code Napoléon. Pourquoi, dans le silence des lois de 1832 et de 1848 ne ferait-on pas profiter les étrangers mineurs du bénéfice de l'article 2064, fondé sur des motifs analogues? Quand une loi d'exception est muette, on retourne à la règle. L'article 2064 du Code Napoléon est d'ailleurs rédigé en termes si généraux et si absolus qu'une interprétation contraire ajouterait manifestement à la loi. « Dans les cas, » dit cet article, « *même* ci-dessus énoncés, la contrainte par corps ne peut être prononcée contre les mineurs. » Dans son rapport au tribunat, le tribun Gary s'exprimait ainsi sur l'article en question : « L'âge du débiteur fixe aussi l'attention du législateur. Il embrasse dans sa sollicitude et dans sa bienveillance les deux extrémités de la vie. Le mineur n'est dans aucun cas soumis à la contrainte par corps. La loi restitue toujours le mineur quand il est lésé, et de toutes les lésions, la plus grande comme la plus évidente est la perte de la liberté. » (Locré, Lég. XV, p. 599, n° 21.) Cette argumentation ne s'applique-t-elle pas aussi bien au mineur étranger qu'au mineur français?

Du reste, l'article 2064 ne profite jamais qu'aux « mineurs non commerçants, ou qui ne sont point réputés majeurs pour fait de leur commerce. » (L. 1832, art. 2, 2°.)

107. Je n'entrerai pas dans l'examen des dispositions relatives à la contrainte par corps qui sont communes aux étrangers et aux Français. Ces règles générales se trouvent au titre IV (art. 22 à 32) de la loi de 1832; dans l'article 20 de cette loi, modifié par l'article 7 de la loi de 1848 et dans la loi du 2 mai 1861, modifiant l'article 29 de la loi de 1832, quant à la quotité de la somme que le créancier incarcérateur est tenu de verser pour subvenir à l'entretien du débiteur incarcéré.

Observons d'ailleurs que l'étranger peut employer contre

son débiteur français les voies ordinaires de contrainte par corps, dans les cas où cette contrainte est autorisée entre Français : ce droit résulte virtuellement pour l'étranger de la disposition de l'article 15 du Code Napoléon.

108. Pour mieux encore assurer la protection des intérêts des nationaux, le législateur a accordé aux Français créanciers d'étrangers, outre l'exercice de la contrainte par corps dans les limites indiquées ci-dessus, le droit de faire incarcérer provisoirement leur débiteur. Voici comment s'exprime sur ce point la loi du 17 avril 1832 :

« Art. 15. Avant le jugement de condamnation, mais après l'échéance ou l'exigibilité de la dette, le président du tribunal de première instance dans l'arrondissement duquel se trouvera l'étranger non domicilié, pourra, s'il y a de suffisants motifs, ordonner son arrestation provisoire sur la requête du créancier français. » A cette disposition, qui formait l'article 2 de la loi de 1807, l'article 15 de la loi de 1832 ajoute :

« Dans ce cas, le créancier sera tenu de se pourvoir en condamnation dans la huitaine de l'arrestation du débiteur, faute de quoi celui-ci pourra demander son élargissement. La mise en liberté sera prononcée par ordonnance de référé, sur une assignation donnée au créancier par l'huissier que le président aura commis dans l'ordonnance même qui autorisait l'arrestation, et à défaut de cet huissier, par tel autre qui sera commis spécialement.»

« Art. 16 (art. 3 de la loi de 1807). L'arrestation provisoire n'aura pas lieu ou cessera si l'étranger justifie qu'il possède sur le territoire français un établissement de commerce ou des immeubles, le tout d'une valeur suffisante pour assurer le paiement de la dette, ou s'il fournit pour caution une personne domiciliée en France et reconnue solvable.»

109. Je ne ferai sur les dispositions de ces articles que quelques courtes observations.

Il va sans dire que l'application de la mesure dont il s'agit ne peut être demandée que dans les cas où la quotité de la dette et la condition de l'étranger débiteur autorisent la contrainte par corps. L'arrestation provisoire ne peut être demandée contre l'étranger que par les créanciers que la loi autorise à invoquer les dispositions exceptionnelles de l'art. 14 de la loi de 1832; cette garantie supplémentaire n'appartient donc pas aux créanciers étrangers, mais elle pourra être accordée au Français cessionnaire de la créance d'un étranger, et à l'étranger domicilié créancier d'un étranger. (Cpr. n° 103.)

Remarquons les conditions auxquelles est subordonné l'exercice du droit d'arrestation provisoire:

1° Cette garantie ne peut être donnée que contre un étranger.

2° Non-seulement l'ordre d'arrestation provisoire ne peut être décerné contre un étranger domicilié, mais il ne peut même pas atteindre un étranger qui satisferait à l'une ou l'autre des conditions énumérées par l'art. 16 de la loi de 1832, c'est-à-dire, qui offrirait au créancier des sûretés suffisantes pour assurer la conservation de ses droits, jusqu'au prononcé du jugement à intervenir.

3° La dette doit être échue ou exigible: Qui a terme ne doit rien.

4° L'instance doit être introduite par le créancier dans les huit jours de l'arrestation du débiteur. Si un jugement de condamnation est obtenu contre le débiteur incarcéré à titre provisoire, la durée de l'arrestation provisoire devra être comptée dans le temps assigné à la durée de la contrainte par corps, car « cette arrestation n'est pas préventive, elle a un caractère tout provisoire et s'identifie avec le jugement qui en consacre la validité, parce que ce jugement n'est pas attributif, mais déclaratif du droit d'exécution.» (Trib. de la Seine, 1re ch., aff. Tempier, 4 déc. 1835.)

5° Les formes de procédure pour arriver à l'arrestation provisoire, sont très-simplifiées, car il s'agit ici d'une mesure urgente. Il en est de même des formes à observer par le débiteur incarcéré pour obtenir son élargissement après huitaine, si, pendant le cours de ce délai, le créancier ne s'est pas pourvu en condamnation. (L. 1832, art. 15, al. 1, 2 et 3.)

6° La loi abandonne entièrement au magistrat auquel l'ordonnance d'arrestation est demandée, le soin d'apprécier si les motifs sont suffisants pour justifier cette mesure. (L. 1832, art. 15, al. 1.)

§ 3. De l'interdiction de cession de biens judiciaire.

110. Les étrangers sont admis en France, au même titre que les nationaux, à faire à leurs créanciers cession de biens volontaire, dans les termes de l'article 1267 du Code Napoléon : l'exercice de cette faculté dépend exclusivement du consentement de ces créanciers.

Mais la loi française n'accorde pas aux débiteurs étrangers le droit de faire en justice cession de leurs biens aux créanciers français (C. N., 1270, cbn. C. Pr., 905). Une pareille cession, que les créanciers ne sont pas libres d'accepter ou non, n'eût pas été de nature à garantir suffisamment leurs intérêts si leur débiteur étranger avait été admis à user de ce moyen. On a considéré avec raison qu'il serait toujours fort difficile de constater d'une manière exacte et certaine l'insolvabilité réelle de l'étranger, et dès lors on n'a pas pu l'admettre à participer à un bénéfice que la loi n'accorde qu'au «débiteur malheureux et de bonne foi, auquel il est permis, pour avoir la liberté de sa personne, de faire en justice l'abandon de tous ses biens à ses créanciers, nonobstant toute stipulation contraire. » (C. N., art. 1268.)

111. L'ancien article 575 du Code de commerce prononçait la même incapacité contre l'étranger failli. Cette disposition a disparu dans la rédaction nouvelle, la loi du 28 mai 1838 ayant remplacé le droit de cession de biens, comme moyen pour le commerçant failli d'échapper à la contrainte par corps, par la déclaration d'excusabilité (C. Co., 539) dont peut bénéficier l'étranger comme le Français. (*Arg. a contr.*, C. Co., 540, cbn. anc. art. 575.)

112. L'interdiction faite à l'étranger de céder ses biens en justice reçoit exception dans le cas où il s'agit d'un étranger jouissant des droits civils, en vertu de l'article 13 du Code Napoléon. Elle reçoit encore exception, s'il existe un traité autorisant les sujets d'une nation étrangère à user de ce bénéfice. Il en est ainsi à l'égard des Suisses, aux termes de la dernière partie de l'article 4 de la convention du 18 juillet 1828, promulguée par ordonnance du 31 décembre de la même année.

C. Des contestations entre étrangers.

---

113. Le Droit des gens attribue, et la plupart des nations de l'Europe reconnaissent aux étrangers le droit de faire juger les contestations qui s'élèveraient entre eux (qu'ils soient ou non de même nationalité), par les tribunaux du pays dans lequel ils séjournent actuellement. — La loi française, ou, pour parler plus exactement, la jurisprudence, car il n'existe dans nos lois aucune disposition à ce sujet, et

la question, soulevée lors de la discussion en Conseil d'État de l'article 14 du Code Napoléon, est restée indécise (Locré, II, p. 44-5, n° 16), — la jurisprudence française au contraire n'a pas accepté et n'applique pas ce principe dans sa rigueur. Partant de l'idée opposée, elle refuse en général aux étrangers le droit de saisir de leurs différends nos tribunaux. Voici pour quels motifs. — D'abord, par respect pour la règle *Actor sequitur forum rei.* — Puis encore en considération du principe que le souverain ne doit justice qu'aux nationaux. Enfin, comme conséquence de ce principe, — et c'est la meilleure des raisons alléguées, — par la crainte de soulever des difficultés internationales par suite de la fausse application que le juge français serait exposé à faire d'une loi étrangère qu'il n'est pas tenu de connaître. S'il avait pu dépendre des étrangers de saisir le juge malgré lui des contestations qui s'élèvent entre eux sur le territoire français, atteinte eût été portée à l'indépendance de la magistrature, qui ne doit en principe consacrer son temps et ses soins qu'à l'administration de la justice entre les nationaux.

114. Toutefois, il ne faudrait pas s'en tenir trop strictement à ces considérations, ni pousser trop loin les conséquences de ce principe. Car il est telles circonstances où refuser aux étrangers l'assistance de nos tribunaux, serait commettre, aux yeux du droit des gens, un véritable déni de justice. Aussi la jurisprudence française a-t-elle apporté des adoucissements considérables à la rigueur de la règle admise par elle, et qui n'est au surplus que la contre-partie de l'interdiction faite aux sujets français, par un édit de 1778 encore en vigueur, de saisir de leurs contestations un tribunal étranger.

115. Le princ. dont il est question, devra, en premier lieu, évidemment fléchir, s'il existe à ce sujet, entre la France et une nation étrangère, une convention dérogatoire

(Arg., C. N., art. 11). De pareilles conventions sont intervenues avec la Russie et la Suisse, en vertu des textes que j'ai déjà reproduits plus haut (n° 96), et auxquels il faut ajouter la disposition suivante contenue dans l'art. 3 (al. 3) du traité conclu le 18 juillet 1828, avec la Confédération helvétique : « Les contestations qui pourraient s'élever entre les héritiers d'un Français mort en Suisse, en raison de sa succession, seront portées devant le juge du dernier domicile que le Français avait en France. La réciprocité aura lieu à l'égard des contestations qui pourraient s'élever entre les héritiers d'un Suisse, mort en France. Le même principe sera suivi pour les contestations qui naîtraient au sujet des tutelles. »

116. Mais la simple réciprocité de fait ne suffit pas. Ainsi l'a jugé la Cour de cassation, par arrêt rendu le 22 janvier 1806 (aff. Montflorence), dont je cite les considérants, car ils résument le système adopté par la jurisprudence française :

« .... Attendu que la Cour d'appel n'a pas commis de déni de justice en renvoyant les parties devant leurs juges de droit, puisque, étant l'un et l'autre étrangers non domiciliés en France, et ne s'agissant que d'une action personnelle, et non pour fait de commerce, les juges ont prononcé conformément à la maxime : *Actor sequitur forum rei;* — attendu, d'ailleurs, que les contractants ne s'étaient nullement soumis à la juridiction des tribunaux français; que si, depuis leurs contestations, il a été question de prendre des arbitres, il n'y a pas eu de compromis effectué; — attendu que le principe de réciprocité invoqué n'est point applicable à l'espèce, les traités entre les deux États (les parties étaient de nationalité américaine) n'ayant rien statué à cet égard; — attendu enfin que l'arrêt attaqué n'a contrevenu à aucune loi, — Rejette... »

Les termes de ces considérants indiquent les autres circonstances qui peuvent autoriser les étrangers à saisir de leurs différends un tribunal français. Ces circonstances sont : la nature de l'action ; le fait que l'une des parties est domiciliée en France, et la soumission des parties à la juridiction française.

La compétence de nos tribunaux ne peut faire de doute si l'une des parties a été admise à établir son domicile en France, car nous avons vu que les dispositions des art. 14 et 15 du Code Napoléon peuvent être invoqués par et contre l'étranger domicilié.

117. 1° *Nature de l'action.* — Il va de soi que, quand une action est de sa nature attributive de juridiction, la nationalité des parties ne devra avoir aucune influence sur la compétence du juge. Aussi, en présence des dispositions de l'art. 3, al. 2, du Code Napoléon et de l'art. 59, al. 3 et 4, du Code de procédure, les tribunaux français ne pourront refuser leur assistance à l'étranger qui introduirait devant eux, contre un autre étranger, une action réelle ou une action mixte, relative à des immeubles situés en France.

118. On reconnaît généralement aussi que le juge français est compétent quand il s'agit d'une action personnelle fondée sur une obligation de droit naturel, telle que l'obligation entre parents de se fournir des aliments. « Attendu, dit un arrêt de la Cour de Bastia (affaire Palmieri, 11 avril 1843), que les aliments dus par l'aïeul à ses petits-enfants et à leur mère sont une obligation de droit naturel, et que la connaissance des contestations qui s'élèvent à ce sujet, appartient de droit aux tribunaux du lieu de la résidence des parties, même étrangères... »

119. Mais la jurisprudence française n'a admis à aucune époque le principe du Droit romain, en vertu duquel les différends qui s'élevaient au sujet de contrats de droit naturel, c'est-à-dire, de presque tous les contrats (*Inst.* I, 2, § 2, *in fine* ; cpr. *Fr.* 5, *D.* I, 1), devaient être portés devant le juge

du lieu où le contrat avait été passé (*Forum contractus*: *Fr.* 19, §§ 1 et 2, *D. de judiciis*, 5, 1). Il ne suffit donc pas que deux étrangers aient contracté en France pour que cette circonstance soit attributive de juridiction française. Encore moins pourrait-on se fonder sur la circonstance que l'auteur commun des parties a fait son testament en France. (Paris, 22 juill. 1815.)

120. La jurisprudence et la doctrine ne font aucune difficulté pour reconnaître que le juge français est compétent pour statuer sur l'action civile formée par un étranger devant un tribunal saisi de l'action publique dirigée contre un autre étranger, défendeur à l'action civile. (Arg. C. N., art. 3, al. 1; C. I. cr.; art. 3, al. 1.)

Je pense même qu'il faut, avec M. Demolombe (I, n° 261, 1°) et malgré l'opinion contraire plus généralement adoptée, reconnaître à l'étranger le droit d'actionner devant la juridiction civile un autre étranger, qui lui aurait causé du dommage en France, dans le cas où le fait dommageable ne constituerait pas un délit caractérisé et prévu par la loi pénale. (Arg. C. N., 1382 et 1383.)

121. Le juge français, tout en déclinant sa compétence sur le fond de l'affaire, peut toujours ordonner telles mesures conservatoires ou provisoires qu'il jugera utiles relativement aux contestations entre étrangers qui seront portées devant lui. Ainsi, bien que les tribunaux français se refusent en général à prononcer entre étrangers sur des questions intéressant leur état et notamment sur les demandes en désaveu, en réclamation d'état, en nullité de mariage, en séparation de corps, en autorisation à accorder à une femme étrangère de passer un acte, au refus du mari d'accorder cette autorisation, de même que sur l'opposition formée par un père étranger au mariage que sa fille se propose de contracter en France, et bien que dans toutes les

questions de ce genre on reconnaisse toujours à l'étranger défendeur le droit de décliner la compétence de la juridiction française, nos juges pourront néanmoins valablement autoriser, par exemple, la femme demanderesse en séparation de corps à prendre un domicile distinct de celui de son mari, ou ordonner des mesures pour la garde des enfants, etc. Les tribunaux français peuvent de même ordonner l'inventaire des biens situés en France, faisant partie de la succession d'un étranger, et le dépôt des valeurs composant cette succession. Ils peuvent également accorder l'autorisation de procéder à une saisie-arrêt. On a cependant contesté la compétence du juge français pour statuer sur la validité d'une saisie-arrêt pratiquée sur des biens situés en France en vertu d'un contrat passé en pays étranger. Mais la solution affirmative de la question me paraît préférable. «Attendu, porte un arrêt de la Cour d'Aix (aff. Rindi, 6 janv. 1831), que le droit d'autoriser ces actes de précaution, reconnu au juge français, emporte celui d'en apprécier l'opportunité et, par conséquent, de statuer sur l'opposition de la partie saisie, d'autant qu'un renvoi dans cet objet au juge étranger entraînerait souvent des résultats ruineux, et en certains cas, si elle était périssable, la perte totale de la marchandise . . . »

122. On reconnaît généralement aujourd'hui aux étrangers le droit de saisir la juridiction consulaire française des contestations qui s'élèveraient entre eux en matière commerciale, et la majorité des arrêts a décidé que l'article 420 du Code de procédure était applicable sans distinction de la nationalité des parties. Déjà l'ancienne jurisprudence, fondée sur des ordonnances royales, avait reconnu la compétence des tribunaux français relativement aux obligations contractées entre étrangers aux foires françaises. Au point de vue des relations de commerce, les hommes ne sont censés

former qu'une seule et même nation. Dans un arrêt rendu le 24 avril 1827, la Cour de cassation considérait que dans l'espèce qui lui était soumise il s'agissait d'un acte de commerce, « conséquemment d'un contrat de droit des gens soumis dans son exécution aux lois et aux tribunaux du pays où il a eu lieu. »

Il est d'ailleurs bien entendu que s'il existe des traités attribuant la connaissance des contestations qui surgiraient en matière commerciale entre étrangers de la nation avec laquelle la France a conclu une semblable convention, aux représentants de cette nation accrédités en France, ces dispositions devront être observées. Une stipulation de ce genre existe à l'égard des nationaux américains dans l'article 12 du traité conclu entre la France et les États-Unis le 14 novembre 1788.

123. 2° *Soumission des parties à la juridiction française.* — En dehors des cas dont il a été question jusqu'ici, la compétence des tribunaux français n'est obligatoire ni pour les parties, ni pour le juge, à moins que les deux parties ou l'une d'elles, défenderesse actuelle, ne se soient soumises à la juridiction française, en élisant domicile en France pour l'exécution de l'acte ou de l'obligation objet du litige (Arg. C. N., art. 111). Le juge français sera encore valablement saisi à l'égard des parties, si l'étranger défendeur n'oppose pas *in limine litis* et avant toute défense au fond l'incompétence *ratione personæ* du tribunal devant lequel la cause est portée (C. pr., 169). Toutefois dans ce dernier cas, le consentement des parties de s'en remettre à la décision du tribunal français ne lie pas le juge : celui-ci sera toujours libre de décliner lui-même sa compétence. Ainsi le décident la doctrine et une jurisprudence constante. Le comte Portalis a notamment soutenu cette opinion avec une grande vigueur dans un article auquel j'emprunte ce passage : « Notre

jurisprudence, disait le savant magistrat, s'en rapporte à la conscience des juges ; si après s'être eux-mêmes éprouvés, ils ont le sentiment de leur suffisance, s'ils se croient capables de rendre bonne justice, s'ils ont la certitude que leurs jugements seront exécutés, elle les autorise à retenir les causes qui leur sont déférées d'un commun accord par les étrangers résidant en France ; elle veut surtout qu'ils aillent en avant lorsque leur intervention est requise dans l'intérêt sacré de la sûreté des personnes ou des bonnes mœurs ; mais elle réserve l'indépendance des tribunaux, elle veille au maintien de la dignité nationale, elle prévient l'abus que pourraient faire de la juridiction française des étrangers qui ne l'emprunteraient que pour échapper à la clairvoyance de leurs juges naturels ou à une rigoureuse application des lois qui régissent leurs engagements. » (Portalis, Des droits des étrangers, dans la *Revue de lég. et de jurisp.*, XVI, p. 144-150.)

II.

DE LA CONDITION DE L'ÉTRANGER EN FRANCE AU POINT DE VUE DU DROIT PUBLIC.

Droits politiques. — Droits publics. — Lois de police et de sûreté. — Impôts. — Passe-ports. — Droit d'expulsion. — Extradition. — Exterritorialité des ministres et souverains étrangers.

124. La loi française ne reconnaît la jouissance et l'exercice des droits politiques qu'aux citoyens français. Cette disposition se justifie par elle-même : elle est la base de tout Droit public. S'il est juste, s'il est moral, s'il est indispensable, selon nous, de rendre aussi complète que possible, dans la sphère des intérêts privés, l'assimilation de l'étranger au national, il serait au contraire impolitique et dangereux pour la sûreté même de l'État, d'admettre à un degré quelconque au gouvernement des affaires publiques des hommes qui, plaçant ailleurs leurs affections patriotiques, n'apporteraient dans l'accomplissement de leur mission qu'un intérêt personnel, sinon un intérêt contraire à la prospérité de la France.

Mais n'allons pas trop loin et distinguons.

Il est incontestable (je ne dis pas qu'il soit incontesté) que l'idée de Droit public ou, pour parler plus exactement, l'idée de Droit constitutionnel est complexe et renferme deux éléments distincts : le premier comprend ce que j'appellerai les droits publics proprement dits ou, si l'on préfère, les droits de l'homme ; l'autre embrasse plus spécialement les droits politiques ou droits du citoyen. Je parlerai d'abord de ces derniers.

125. Toute participation à l'administration de la chose publique doit être considérée comme une prérogative exclusive du citoyen. La nationalité est ici une condition indispensable : elle ne saurait être suppléée par aucune autre considération de science, d'expérience ou de talent qui pourrait à certains égards justifier la préférence de l'étranger au national. C'est ainsi que, sous l'empire de la constitution qui nous régit, un étranger ne peut être nommé sénateur (Const., art. 20), ni être élu député au Corps législatif (Déc. 2 fév. 1852, art. 26). Il ne peut faire partie du Conseil d'État, ni être le représentant d'un département, d'un arrondissement ou d'une commune. Il ne peut en général être investi, comme agent, d'aucune fraction du pouvoir législatif, exécutif ou judiciaire, ni contribuer par la voie de l'élection à la nomination de pareils agents. (Décr. 2 fév. 1852, art. 12.)

126. De là résulte notamment qu'un étranger est incapable d'être juré (L. 4 juin 1853, art. 1) ou prud'homme (L. 1er juin 1853, art. 6), car ces fonctions constituent de véritables magistratures. Il en était de même des fonctions d'arbitre tant que l'arbitrage forcé fut en usage en France (V. L. 17 juill. 1856). Mais les étrangers peuvent aussi bien que les Français être nommés arbitres volontaires, experts et interprètes.

Les fonctions de notaire et de témoin aux actes notariés sont également incompatibles avec la qualité d'étranger (C. N., art. 980; L. 25 vent. an XI, art. 9 et 35), de même que les fonctions de témoin dans une saisie (C. pr., 585). Rien, au contraire, n'empêche de prendre un étranger comme témoin dans un acte de l'état civil (C. N., art. 37), et il est, d'autre part, bien évident qu'il pourra, comme tout Français, être appelé à déposer comme témoin en justice.

On discute la question de savoir si un étranger peut être avocat près une cour ou un tribunal français. La négative n'est pas douteuse s'il s'agit de la charge d'avocat au Conseil d'État et à la Cour de cassation, car cette charge rentre dans la catégorie des offices ministériels, et les étrangers ne peuvent être investis de semblables offices. Quant à l'incapacité absolue d'être avocat devant la juridiction ordinaire, elle ne peut se fonder, selon moi, que sur un usage constant du barreau français. Les autres considérations que l'on met en avant me paraissent manquer de base suffisante pour asseoir une pareille incapacité.

On a donné comme premier motif l'obligation imposée à l'avocat de prêter serment lors de sa réception. Mais, ce motif n'a plus aucune valeur aujourd'hui que ce serment est purement professionnel. La seconde raison, fondée sur ce que l'avocat peut accidentellement être appelé à compléter un tribunal, n'est pas plus décisive, car il faudrait dire alors que les Français eux-mêmes ne pourront être inscrits au tableau de l'Ordre que quand ils auront atteint l'âge requis pour être juge; or, la pratique de tous les jours démontre qu'il n'en est pas ainsi. (V. sur cette question : C. de l'O. des Av. de Grenoble, 6 fév. 1830 (Dev. et Car., 1830, I, 96) C. de l'O. des Av. de Marseille, 12 août 1840 (Dev. et Car., 1840, II, 533) cpr. C. impér. d'Alger, aff. Aïnos, Moniteur du 10 mars 1862.)

127. Toutes les incapacités énumérées ci-dessus (à l'exception de la dernière) résultent de ce que les fonctions dont il s'agit participent toutes plus ou moins directement à l'administration de la justice, qui est toujours censée émaner du chef de l'État, et à la distribution de laquelle ne peuvent dès lors prendre part que les sujets du souverain.

D'autres incapacités prononcées contre l'étranger sont plus intimement liées à l'idée de maintien de la sûreté publique. Tel est le fondement des dispositions du Concordat de 1801 et de la loi du 18 germinal an X, qui exigent que tous les ministres des cultes soient Français, ou sinon, expressément autorisés par le Gouvernement à remplir ces fonctions (art. org. du Concord., 16 et 32; art. org. du culte protest. 1, et arg. art. 6 du Concordat). Tel est aussi le motif de l'incapacité prononcée contre l'étranger, de servir dans les armées sur le territoire continental de l'Empire (L. 21 mars 1832, art. 2; cpr. L. 9 mars 1831, sur la formation d'une légion étrangère), et de faire partie de la garde nationale, s'il n'a pas été admis à établir son domicile en France (Décret 11 janvier 1852, art. 8; cpr. L. 22 mars 1831, art. 10). L'incapacité des étrangers non domiciliés d'être admis, en France, à exercer une fonction relative à l'enseignement, est fondée sur des considérations analogues. (Voy. L. 15 mars 1850, art. 78; Décret 5 déc. 1850, et arg.)

Dans un intérêt de sûreté publique envisagé à un autre point de vue, les étrangers ne peuvent exercer en France la profession de médecin, de chirurgien ou de pharmacien, s'ils n'ont obtenu un diplôme délivré par une des Facultés de médecine ou des Écoles de pharmacie de l'Empire. (arg. L. 19 ventôse an XI, art. 4.)

128. On vient de voir les incapacités qui frappent les étrangers sous le rapport des droits politiques, ou à raison de certaines fonctions ou professions, pour l'exercice des-

quelles le législateur a cru devoir exiger la garantie particulière que donne la nationalité.

Mais à côté de ces droits, qui n'appartiennent qu'aux Français, nous trouvons les droits publics (Const. de 1852, art. 1), ou droits de l'homme, proclamés pour la première fois, comme base du Droit public, en 1789, et communément désignés sous le nom de *Principes de* 89. Ces principes, qui consacrent des droits reconnus en France, aux étrangers comme aux Français, se résument dans ces mots : L'égalité (sauf l'égalité de droits politiques, privilège du citoyen), la liberté, la sûreté et la propriété (V. Déclar. des dr. de l'h. et du citoy., des 26 août et 3 sept. 1791, art. 1, 4, 5, 7 à 11 et 17; cpr. celles des 29 mai, 8 juin, 24 juin 1793 et du 5 fruct. an III; V. Const. de 1852, art. 1; C. N., art. 545; cpr. Charte de 1830, art. 1 à 11). Ces droits, déclarés naturels et imprescriptibles, sont reconnus à tout homme dès qu'il met le pied et tant qu'il séjourne sur le territoire de la France.

129. Voici quelles en sont les principales conséquences. Sous la seule condition de ne pas agir contrairement aux lois légalement établies (V. n° 135), l'étranger est libre en France d'aller et de venir (faculté déjà reconnue par le Droit des gens sous le nom de *droit d'émigrer*) et d'agir comme il l'entendra, sans avoir, pas plus qu'aucun citoyen, de compte à rendre de ses actes. Il est libre de pratiquer son culte, pourvu qu'il le fasse sans appareil extérieur, si sa croyance religieuse n'est pas reconnue par la loi française. Il n'a aucun compte à rendre de ses opinions et peut, pour les émettre, employer tous les moyens dont la loi permet l'usage aux citoyens, notamment par la voie des journaux ou de brochures : il suffit dans le second cas qu'il se conforme à la formalité du dépôt, et dans le premier, qu'il obtienne l'assentiment du gérant du journal. Mais en vertu de

l'article 1er du décret organique sur la presse du 17 février 1852, l'étranger n'est pas admis en France à publier lui-même un journal ou écrit périodique traitant de matières politiques ou d'économie sociale.

130. Au-dessus des droits que je viens d'indiquer plane le droit de liberté individuelle, qui protége l'étranger contre toute arrestation illégale, et qui rend nul tout contrat par lequel il aurait enchaîné lui-même sa liberté, en engageant par exemple ses services à perpétuité (C. N., art. 1780 et arg.). Aussi l'esclave devient-il libre dès qu'il touche le sol français.

131. L'étranger est protégé par nos lois comme les Français eux-mêmes. Sa propriété et son domicile sont également inviolables (C. N., 545, C. de pr., art. 1037 et Ord. 29 oct. 1820, art. 184). Comme tout Français il a le droit de recourir aux autorités chargées de faire respecter les droits et de veiller à la sécurité des citoyens. Il jouit également du droit de citation directe, et peut notamment poursuivre devant les tribunaux français tout fait diffamatoire accompli en France, et qui serait de nature à porter atteinte à sa considération. — S'il est prévenu d'un crime ou d'un délit commis sur le territoire français, la loi lui assure pour sa défense et pendant tout le cours de la procédure, les mêmes garanties qu'au national.

132. En retour de ces droits et de ces garanties, la loi impose à l'étranger certaines obligations. En entrant sur le territoire de la France, l'étranger prend l'engagement tacite de respecter les lois que la nation française s'est données et de s'y soumettre en tant qu'elles ont pour objet un intérêt d'ordre public. Ainsi, il est tenu de se conformer aux lois de police et de sûreté (C. N., art. 3, al. 1), — qu'elles soient impératives ou prohibitives, — et il faut entendre cette expression dans un sens très-étendu. Les mots *lois de*

police et de sûreté comprennent non-seulement toutes les mesures légalement prises par les autorités compétentes (arrêtés préfectoraux, municipaux, etc.), mais embrassent encore toutes les dispositions établies en vue du maintien de l'ordre public et des bonnes mœurs, et sous ce rapport l'article 3 doit être combiné avec l'article 6 du Code Napoléon. Il a déjà été question plus haut de plusieurs dispositions de ce genre. (V. p. ex. art. 147, 340, 1780; L. 8 mai 1816, art. 1.)

133. L'étranger est soumis comme le Français à tous les impôts qui peuvent être envisagés comme le prix de la protection que la loi assure aux personnes et aux biens qui se trouvent sur le territoire. Telles sont les contributions personnelle et mobilière (L. des fin. du 21 avril 1832, art. 12, al. 1), foncière et des portes et fenêtres. Il en est de même de l'impôt des patentes si l'étranger exerce en France le commerce ou une industrie (L. 25 avril 1844, art. 1), et des prestations en nature pour l'entretien des chemins vicinaux, s'il se trouve dans les conditions déterminées par l'article 3 de la loi du 21 mai 1836. — A plus forte raison en est-il ainsi des impôts indirects de toute nature. Enfin les biens que l'étranger acquerra en France à titre gratuit, seront soumis aux droits de mutation. La loi du 3 mai 1841 sur l'expropriation par cause d'utilité publique est applicable, le cas échéant, aux immeubles qu'il possède en France aussi bien qu'aux immeubles de tout Français.

134. L'étranger résidant en France, qui enfreindrait les lois françaises, s'expose à se voir appliquer ces lois dans toute leur rigueur, et se rend justiciable, pour de pareilles infractions, des tribunaux français. Les mêmes garanties, je l'ai déjà dit, lui sont d'ailleurs accordées pour assurer le droit naturel de la défense en justice. Mais dans certains cas, la peine infligée à l'étranger est plus forte que celle qui frap-

perait, en pareille circonstance, un citoyen français. Ainsi, aux termes de l'art. 35 du Code pénal, si la dégradation civique est prononcée comme peine principale, elle devra être accompagnée, si le condamné est étranger, d'un emprisonnement dont le maximum est fixé à cinq ans. Cette disposition se justifie par cela même que l'étranger, ne jouissant pas en France des droits civiques, n'éprouverait par le fait aucun dommage par suite de la condamnation qu'il se serait attirée.

135. Outre les moyens ordinaires de répression dont est armée la loi vis-à-vis de l'étranger comme du Français, le législateur a attribué à l'autorité administrative certains droits ayant pour objet de garantir les citoyens contre l'entreprise d'étrangers qui viendraient en France pour troubler leur tranquillité et la sûreté publique.

Aux termes de l'art. 9 du décret du 23 messidor an III (11 juillet 1795), tout individu étranger, qui entre sur le territoire français est tenu de déposer, à la municipalité de la commune frontière ou du port de mer où il arrive, son passe-port, qui devra être de suite envoyé au ministre de l'intérieur. Il lui est délivré, en échange, une carte de sûreté provisoire, et il reste en surveillance jusqu'à la décision du ministre.

Telle est, dans sa rigueur, la législation des passe-ports à l'égard des étrangers voyageant en France. Mais cette disposition de nos lois ne tardera pas à disparaître. Déjà les premiers coups lui ont été portés en 1860 et en 1861, par les conventions intervenues à ce sujet entre la France et différents autres États étrangers (Grande-Bretagne, Belgique, Hollande, États scandinaves et États-Unis d'Amérique), et tout fait prévoir qu'on ne s'en tiendra pas à ces premiers essais. On souffre mal de nos jours ces entraves mises à la circulation, et les gouvernements eux-mêmes commencent à reconnaître qu'à une époque où, par suite de l'extension qu'a prise le commerce, et de la rapidité des voies de communication, les relations entre nations sont si fréquentes, ce ne sont là que des empêchements apportés aux libres rapports entre les peuples, en tout cas de faibles moyens pour assurer la tranquillité d'un État, car les individus qu'on a intérêt d'écarter par de pareils obstacles, sont toujours les premiers à savoir les éluder.

136. L'initiative du progrès que je signale appartient à la France, et sa conquête est due à l'influence du commerce. Mais par une singulière anomalie, le Gouvernement français a conféré aux étrangers un privilége dont les nationaux eux-mêmes ne jouissent pas. Car en vertu de la loi du 10 vendémiaire, an IV (2 octobre 1795), qui détermine aujourd'hui encore les règles relatives aux passeports à l'intérieur, «nul Français ne pourra quitter le territoire de son canton, ni voyager sans être muni et porteur d'un passe-port... Tout individu voyageant et trouvé hors de son canton sans passe-port, sera mis sur-le-champ en état d'arrestation, et détenu jusqu'à ce qu'il ait justifié être inscrit sur le tableau de la commune de son domicile» (*loi cit.*, t. III, art. 1 et 6). Sans doute, ces dispositions sont de fait tombées en désuétude, mais il est toujours au pouvoir de l'administration de les remettre en vigueur d'un jour à l'autre, tandis que pour appliquer les dispositions analogues, établies par le décret du 23 messidor an III, aux étrangers avec la nation desquels il est intervenu une convention d'abolition des passe-ports, il faudra attendre l'expiration du délai stipulé pour la dénonciation de ces conventions. L'anomalie dont je parle est d'autant plus étrange que, dans l'état actuel des choses, un Français habitant d'une commune avoisinant la frontière belge ne pourrait *légalement* se rendre sans passe-port dans le canton voisin, alors qu'il lui

suffirait de passer la frontière, puis de revenir en France pour être admis à circuler librement dans toute l'étendue de l'Empire. (Voy. séance du Sénat du 24 février 1862 : *Moniteur* du 25 février, p. 251, col. 4.)

187. Nous venons de voir le sort réservé au premier moyen mis aux mains de l'administration pour assurer la tranquillité du territoire contre les entreprises des sujets étrangers. Un second moyen, violent sans doute, mais assurément légitime, et dont il n'est d'ailleurs fait usage qu'avec une extrême réserve, réside dans le droit accordé au Gouvernement d'expulser hors du territoire de l'Empire les étrangers dont le séjour en France serait de nature à troubler l'ordre public. Ce droit a été établi par la loi du 28 vendémiaire an VI (19 oct. 1797), dont l'art. 7 est ainsi conçu : «Tous étrangers voyageant dans l'intérieur de la République ou y résidant sans avoir une mission des puissances neutres et amies reconnue par le Gouvernement français, ou sans y avoir acquis le titre de citoyen, sont mis sous la surveillance spéciale du Directoire exécutif, qui pourra retirer leurs passe-ports et *leur enjoindre de sortir du territoire français, s'il juge leur présence susceptible de troubler l'ordre et la tranquillité publique.*» (Voy. aussi C. pén., art. 272.)

La loi du 3 décembre 1849 développe cette disposition en ces termes : «Art. 7. Le ministre de l'intérieur pourra, par mesure de police, enjoindre à tout étranger voyageant ou résidant en France de sortir immédiatement du territoire français et le faire conduire à la frontière. Il aura le même droit à l'égard de l'étranger qui aura obtenu l'autorisation d'établir son domicile en France ; mais après un délai de deux mois, la mesure cessera d'avoir son effet, si l'autorisation n'a pas été révoquée. Dans les départements frontières, le préfet aura le même droit à l'égard de l'étranger non résidant, à la charge d'en référer immédiatement au ministre de l'intérieur. — Art. 8. Tout étranger qui se serait soustrait à l'exécution des mesures énoncées dans l'article précédent ou dans l'art. 272 du Code pénal, ou qui, après être sorti de France par suite de ces mesures, y serait rentré sans la permission du Gouvernement, sera traduit devant les tribunaux et condamné à un emprisonnement d'un mois à six mois. Après l'expiration de sa peine il sera reconduit à la frontière. »

138. Les étrangers qui, pour fuir la justice de leur pays, seraient venus se réfugier sur le territoire français, doivent être extradés par le Gouvernement, s'il existe entre la France et la nation à laquelle appartient le fugitif, une convention d'extradition. La France a conclu jusqu'ici des traités de ce genre avec 38 États étrangers. La plus ancienne de ces conventions a été passée avec la Suisse (Conv. du 18 juill. 1828, art. 4); la plus récente en 1860 (Décr. du 15 mai 1861) avec le Chili. L'absence de pareilles conventions avec certaines nations telles que la Russie, le Danemark, les États scandinaves, la Grèce et la Turquie, tient à la législation particulière de ces États, qui n'en pratiquent pas moins de fait l'extradition avec la France. Voici, d'après une circulaire du ministre de la justice, en date du 5 avril 1841, quels sont les principes reconnus par la France en cette matière. L'extradition ne s'accorde que pour les faits passibles d'une peine afflictive et infamante; les simples délits et les crimes politiques ne peuvent servir de base à une pareille mesure. La demande d'extradition doit être faite par voie diplomatique, directement de gouvernement à gouvernement. Il n'est donné suite à cette demande qu'après que l'étranger qui en est l'objet, aura répondu, s'il y a lieu, devant la justice française, des crimes ou délits par lui commis sur le territoire français, et après l'expiration de la peine prononcée contre

lui par nos tribunaux à raison de pareils faits. L'individu extradé ne peut être poursuivi dans son pays que pour le crime dénoncé dans la demande d'extradition. Depuis 1830, il est universellement reconnu que le fait de désertion ne peut donner lieu à extradition, s'il s'agit de militaires servant dans les armées de terre; il en est au contraire autrement pour les matelots; à leur égard l'extradition est de droit commun réciproque, et est ordinairement stipulée par les conventions commerciales ou consulaires. Il est aujourd'hui de principe dans le droit international que l'extradition ne saurait porter sur un sujet de la nation à laquelle cette mesure est demandée; cette réserve est toujours insérée de nos jours dans le premier article de toute convention de ce genre. Il en était autrement en France sous le premier Empire et la Restauration, en vertu du décret du 23 octobre 1811, mais ce décret doit être considéré comme tombé en désuétude. (Cpr. C. d'instr. cr., art. 6.)

139. Tous les principes et toutes les règles que nous avons examinés dans le cours de cette étude, reçoivent une exception générale par suite de la fiction d'exterritorialité établie en faveur des souverains et ministres étrangers.

Le projet du Code Napoléon contenait à ce sujet une disposition ainsi conçue : «Les étrangers revêtus d'un caractère représentatif de leur nation, en qualité d'ambassadeurs, de ministres, d'envoyés, ou sous quelque autre dénomination que ce soit, ne seront pas traduits, ni en matière civile, ni en matière criminelle, devant les tribunaux de France. — Il en sera de même des étrangers qui composeront leur famille ou qui seront de leur suite.»

Mais cet article fut retranché du projet, à la suite d'une courte discussion, comme étranger au Droit civil et appartenant au Droit des gens. (Locré, II, p. 45-6, n° 21.)

Examinons rapidement les règles admises sur ce point par le Droit international.

140. Le principe de l'exterritorialité, reconnu par tous les États qui se conforment aux règles du Droit des gens moderne, repose sur une fiction qui fait considérer les agents diplomatiques comme n'ayant pas quitté les États du souverain qu'ils représentent. Cette fiction, qui se justifie par des considérations de l'ordre le plus élevé, protége non-seulement l'envoyé lui-même, mais encore sa famille, les personnes de sa suite, son hôtel, ses équipages et ses effets. En voici les principales conséquences :

1° L'agent diplomatique jouit d'une inviolabilité absolue, tant vis-à-vis du gouvernement auprès duquel il est accrédité, qu'à l'égard des habitants du pays où il remplit sa mission. Toute atteinte portée sciemment aux droits attachés à sa qualité est considérée comme une offense directe à la personne du souverain qu'il représente. Cette inviolabilité couvre également tous les actes relatifs à ses fonctions et protége notamment le secret des lettres et dépêches qu'il confie à la poste, et la libre circulation des courriers qu'il expédie. Elle s'étend encore à l'hôtel de sa résidence, et allait autrefois jusqu'à conférer ce qu'on appelait la franchise des quartiers (*franchisiæ quarteriorum*) et le droit d'asile, qui protégeaient toute personne, régnicole ou étrangère, venant se réfugier dans le quartier où se trouvait situé l'hôtel de la mission, ou dans l'hôtel même. Mais ces droits abusifs n'existent plus de nos jours. Toutefois, l'hôtel du ministre étant soumis au principe de l'exterritorialité, les autorités locales ne pourront y opérer de perquisitions sans le consentement du ministre, et la délivrance des personnes qui s'y seraient réfugiées ne peut être obtenue qu'à la suite d'une demande d'extradition.

2° Le ministre et les personnes de sa famille et de sa suite jouissent d'une entière immunité en matière de juridiction civile et criminelle. Ils continuent à être exclusivement soumis aux lois et aux tribunaux de leur pays. L'hôtel de la mission, étant censé placé hors du territoire, est inaccessible aux officiers publics et de police. Aucune action ne peut être intentée contre le ministre, si ce n'est devant ses juges naturels ; aucune voie de contrainte ne peut être exercée sur sa personne, ni aucune saisie sur ses biens, même à raison d'obligations souscrites par lui sur le territoire français (cpr. C. N., art. 14). Les réclamations que pourrait provoquer à cet égard le refus du ministre, devront être adressées au Gouvernement, en vertu d'un décret encore en vigueur, rendu le 13 ventôse an II, et dont voici les termes :

« La Convention nationale interdit à toute autorité constituée d'attenter en aucune manière à la personne des envoyés des gouvernements étrangers ; les réclamations qui pourraient s'élever contre eux seront portées au Comité du salut public (au Gouvernement), qui seul est compétent pour y faire droit. » Le Gouvernement, ainsi saisi, agira par voie diplomatique auprès du gouvernement du ministre.

Il en est de même si le ministre s'est rendu coupable d'un crime sur le territoire de sa mission. On ne peut, en pareil cas, prendre contre lui que des mesures de précaution, de nature à l'empêcher de nuire à l'avenir, et demander son rappel et sa mise en jugement au souverain qui l'a accrédité. Au cas de refus de la cour étrangère, et comme moyen extrême, on ne pourrait user envers lui que du droit d'expulsion.

Le ministre est exceptionnellement soumis à la juridiction civile du pays de sa résidence dans les cas suivants :

a. S'il actionne lui-même un régnicole devant les tribunaux de ce pays ;

b. S'il déclare se soumettre à cette juridiction, et renoncer à son privilége d'exemption ; mais cette renonciation devra être ratifiée par le souverain du ministre;

c. Si, demandeur en première instance devant cette juridiction, il est intimé en appel, ou s'il s'agit d'une demande reconventionnelle faite dans le cours d'une instance introduite par lui;

d. S'il est propriétaire, au lieu de sa mission, de biens immobiliers n'ayant aucun rapport avec sa qualité d'envoyé. Ces biens restent soumis aux règles du statut réel.

3° La personne et les biens mobiliers du ministre sont exemptés des impôts perçus sur le territoire de sa résidence. Mais il est tenu de payer les contributions qui frappent les immeubles et, sous ce rapport, l'hôtel même de la mission ne jouit d'aucune immunité.

Le ministre est également soumis aux taxes qui ne sont à considérer que comme le prix de services rendus, telles que le prix du port de lettres. Il supportera également les impôts de consommation qui se confondent en général dans le prix des marchandises, mais on lui reconnaît le droit de faire venir de l'étranger les choses nécessaires à son usage et à celui de sa maison : ces objets sont exempts de toute visite aux frontières et de tous droits de douane.

4° Enfin, tandis que l'étranger simple particulier n'est pas admis en France à exercer publiquement un culte qui ne serait pas reconnu par l'État, les ministres étrangers ont le droit d'avoir dans leur hôtel une chapelle ou un oratoire consacré à leur culte, et au nombre des personnes de leur suite, des ministres chargés de le célébrer.

141. Ce qui précède s'applique en général à tout le personnel de la mission diplomatique et à la famille du ministre, lequel a seul juridiction sur toutes ces personnes. Mais les consuls et agents commerciaux, nommés par les souverains étrangers, ne jouissent pas du privilége d'exterritorialité.

FIN.

TABLE DES MATIÈRES.

THÈSES.

DROIT ROMAIN.

I. *Existimatio* et *civitas* sont deux idées connexes.

II. La condamnation pour stellionat est toujours infamante.

III. La *turpitudo* est une situation consacrée par la loi.

IV. Les *stationarii* dont il est question dans la C. 6, Cod. *de dignitatibus* (12, 1) étaient des espions attachés à la police.

DROIT CIVIL FRANÇAIS.

I. La loi ne considère pas la procréation comme but essentiel du mariage.

II. La clause d'un contrat de mariage, stipulant la religion dans laquelle devront être élevés les enfants à naître, ne lie pas le mari.

III. Un jugement rendu à l'étranger contre un Français ne peut être déclaré exécutoire en France avant révision du fond.

IV. Il n'en est pas de même d'un jugement rendu à l'étranger au profit d'un Français ou entre étrangers.

DROIT COMMERCIAL.

I. La monnaie est une marchandise.

II. Le créancier d'une société en commandite n'a pas d'action contre le commanditaire pour le contraindre à effectuer sa mise.

DROIT PUBLIC ET ADMINISTRATIF.

I. La loi peut être abrogée par l'usage.

II. La propriété littéraire est une propriété.

III. Le droit de pétition au Sénat n'appartient pas aux étrangers.

DROIT INTERNATIONAL.

I. Il est des cas où l'intervention est permise.

II. La jouissance pleine et absolue de la souveraineté d'une nation est rigoureusement subordonnée à la reconnaissance de cette nation.

Vu par le soussigné, doyen.
Strasbourg, le 25 juillet 1862.
C. AUBRY.

Vu:
Strasbourg, le 25 juillet 1862.
Le président de l'acte public,
HEIMBURGER.

Permis d'imprimer:
Strasbourg, le 26 juillet 1862.
Le Recteur,
DELCASSO.

STRASBOURG, IMPRIMERIE DE VEUVE BERGER-LEVRAULT.

www.ingramcontent.com/pod-product-compliance
Ingram Content Group UK Ltd.
Pitfield, Milton Keynes, MK11 3LW, UK
UKHW021058230726
13926UKWH00004B/1927

9 782013 564670